施設に入らず
「自宅」を終の住処にする方法

最期まで暮らせる安心老後住宅のつくり方

田中 聡

詩想社
— 新書 —

［まえがき］

建築士で介護施設長だった私が考える理想の「最期の居場所」

21世紀のスタートとほぼ同時に、目黒駅前で戸建住宅専業の設計事務所を開設した。そこに至るまで私はハウスメーカー、工務店、分譲住宅会社、設計事務所と日本の家づくりを一通り経験した。独立後は設計した住宅が雑誌に掲載され、その雑誌を見た方から住宅の設計依頼を受けるというスタイルで多くの施主様とのご縁をいただいた。その施主様のひとりが、当時の人気テレビ番組であった『大改造!!劇的ビフォーアフター』の制作会社プロデューサーだった。

番組からの依頼内容は、旧東海道に面した9坪の超狭小敷地で初老の女将が十数年営む古びた小料理屋兼住宅における改修計画で、ここを亡くなった祭り好きのご主人の面影を残して劇的に大改造してほしいということだった。

常に超ポジティブ思考の私は興味本位でやりましょうとは言ったものの、その後の数ヵ月間は24時間体制での番組制作協力となった。

それぞれの居場所が小さくても五感を刺激できる仕掛けを盛り込んだ劇的大改造の結果、亡くなったご主人が愛用していた法被《はっぴ》を嵌《は》め込んだ格子戸をくぐり、トイレ手洗の排水を利用した水琴窟《すいきんくつ》のある坪庭を通って奥に入ると、カウンター席の後ろの壁にはご主人が神輿《みこし》を担ぐ写真が走馬灯のように映し出されるという演出をした。さらに奥にある朱い漆塗りの和紙壁に囲まれた小さな座敷に座るとインスタレーション作品の展示会にいるような空間体験ができる小料理屋になった。

２階の住居も当時インスタはなかったが、フォトジェニックに仕上がり、解体後は一切現場に入らせてもらえなかった初老の女将さんは劇的大改造に感動し、私との再会シーン撮影時に、感極まって涙した（女将の琴線に触れるディレクターの泣かせるトークがすばらしかった）。

人生初の出演料という報酬をいただくだけでなく、優秀な放送作家と敏腕ディレクターの指示や演出のお陰で「和の空間伝道師」という称号と、年間視聴率ナンバーワンという名誉までいただいた。

住宅設計一筋に約30年間で1000組を超える家づくりのお手伝いをした。そのなかで60歳以上の方の住まいは、同居や二世帯も含めると約2割といったところだろうか。

住宅業界において高齢者配慮住宅の先駆者であった積水ハウスへ入社した約30年前、高齢者に配慮した建築計画の大家であった大学教授監修のもと、実際に高齢者の方が参加した実証実験が繰り返されていた。

細かなところでは廻り階段の廻り部について、上りやすい角度などの標準寸法が決められた。種々の視点での細かな実験の積み重ねにより、車いすでの生活を想定した住まいのさまざまな工夫が蓄積されていた。

このような経験を通して住宅設計の技術者として、新築計画時に「最期の居場所」となり得る「終《つい》の住処《すみか》」を想定することがあたり前であることを教えられた。

数年前、私は住宅設計の集大成として、理想の「終の住処」を実現するため、設計だけでなく、運営にも自ら携わったサービス付き高齢者向け住宅（以下、サ高住とする）の施設長として介護現場の最前線にいた。

朝出勤すると、ヘルパーさんから「早朝6時に出勤したら、認知症のAさんの部屋が便まみれで掃除にいままでかかってぐったりです」というような報告が日常茶飯事の介護現場に直面した。

一方、多くの認知症の高齢者の人たちと日々向き合うことで、本当に多くのことを学ばせていただいた。部屋の隅で放尿するなど、物事や空間の見当がつかなくなるという認知症の中核症状である見当識障害は、「死」という恐怖に直面するときの人間の防御本能だと実感できる日々であった。

私のように、建築士として終の住処の設計に携わりながら、同時に介護現場の施設長も務め、多くの人たちの老後生活とその臨終の瞬間に立ち会ってきた経験をもつものはほとんどいないだろう。

建築士の視点から、また、介護と看取りの現場を知っている視点から、いったい人はどのような環境で最期を迎えることが幸せなのか、これまで私は考えてきた。

この本は、「幸福な最期の居場所」とはいかなるものなのか、またそれをどのように自分で整え、準備しておけばいいのかを、私なりに提案するものである。

人生１００年時代と言われるようになり、超長寿社会に向けた健康知識、経済情報はさまざまなものが溢れているが、本当に豊かで納得のいく老後生活を送るためには、「どのような住環境を整えるか」という視点が欠かせないと私は考えている。

最期の場所は自宅なのか、病院なのか、施設なのか。より寿命が延びていくなかで、自分はどのような最期を迎えたいのか、自分なりに心の準備をし、老後の住環境を整えることが、幸せな老後を送るために、今後よりいっそう必要になってくるに違いない。

「身近な人が亡くなる」という経験が豊富な人はまずいない。身近な人の臨終に立ち会った体験はせいぜい1～2回程度の人が圧倒的多数だ。そのため、「最期のとき」について、具体的イメージを持つ人は少ない。

まずはこの本をきっかけに、自分の親の最期、ひいては自分自身の最期をイメージしていただき、どのような最期の居場所が自分にとって好ましいのかを、少しでも考えていただけたら著者としてこれほどうれしいことはない。

施設に入らず「自宅」を終の住処にする方法◎目次

第1章　最期の居場所は「自宅」こそふさわしい理由

目次

第2章 「介護施設に入るべきか？」、迷ったときに知っておくべきこと

第3章

それでも知りたい、よい介護施設・老人ホームの見分け方

目　次

第4章　最期まで暮らせる安心老後住宅のつくり方

イラスト／米光マサヒコ
校　　正／萩原企画

第1章

最期の居場所は「自宅」こそふさわしい理由

理想の住宅とはなんだろう

住まいの設計職人としての私の仕事は、費用対効果を重視した快適な住まいづくりを提供することだ。いつも施主様からは「居心地のよい住まいをつくってほしい」という要望を受けている。

しかし、居心地のよい住まいは十人十色で明確な定義などない。具体的な要望を尋ねると、「冬あったかくて、夏涼しい家」と答える人が多数派だった。

確かにその通りだが、これは本質的な部分ではないだろう。日本人にとって「居心地のよい住まい」の本質的要素を抽出すると、京都の老舗旅館の設《しつら》えになると私は考えている。

一例を挙げると、以下のような住環境だ。

お香が漂う玄関に季節の花が一輪
小さくても四季を感じることができる坪庭
障子越しの柔らかな光と影（谷崎潤一郎『陰翳礼讃』の世界観）
柔らかな踏み心地のタタミ
肌の色合いに近い生成りの建築素材
簾《すだれ》をはめ込んだ建具の簾戸《すど》や打ち水など微風を感じる工夫
シシオドシや竹林の囁き
……

これらの要素を一言で表現すると、「五感に訴求する設《しつら》え」となる。つまり、人間の感覚すべてに訴えかけるような住宅だ。
ここで挙げた具体例は一例ではあるが、このような要素がその住宅にどれだけあるかで、空間の居心地は必ずよくなる。

京都の老舗旅館にはそれらの要素がふんだんに盛り込まれており、利用してみれば、その居心地のよさがわかるはずだ。最近は某大手アパレルメーカーのCSR（企業の社会的責任）活動の一環として、京町家を改修した民泊が話題になっている。ここでは老舗旅館の設えが随所に計画されており、日本人だけでなく、外国人にも大人気で、実は世界共通の感性でもあると考えている。

このような「五感に訴求する空間」を実現するように、私はこれまで多くの住宅を設計してきた。

しかし、独立して数年後、不惑を過ぎたころから、理想の住まいとは、「五感に訴求する空間」であるだけではなく、「最期まで過ごすことができる終の住処」でなければならないと強く考えるようになっていった。

そこには、私の人生に大きく影響を与えてくれた施主様との出会いがあった。ご自宅設計を依頼してくださったその施主様は、映画化もされたベストセラー『病院で死ぬということ』（主婦の友社）の著者で、医師の山崎章郎先生であった。

先生ご本人は私との打合せ時には、ホスピス医としてのご自身の仕事についてはまったく話されず、奥様との打合せが多かったこともあり、著書を拝読したのは先生のお宅が住宅雑誌の表紙に掲載されることになった初対面から約2年後であった。『病院で死ぬということ』を読むことで、当人には不本意と思えるような穏やかではない死が、多く存在する現実を知り大きな衝撃を受けた。病院や施設で、苦痛や不自由さを感じながら最期のときを過ごす人たちが圧倒的に多いことを知った。

それ以来、はたして「理想の最期の場所」とはどこなのかということが、私の住宅設計の大きな問題意識となっていった。

その後、いくつもの住宅を設計し、また、その過程で、「理想の最期の居場所」づくりの集大成として、私は介護施設を設計し、自らその施設長まで務める経験もした。

多くの方たちの最期の場に立ち会う経験も経て私が思い至ったのは、やはり理想の最期の場所は自宅しかないだろうということだ。また、その自宅を理想的な終の住処とするお手伝いを、建築士の私にはできるのではないかと考えるようになっていった。

最期の場所は「自宅」こそふさわしい

「理想的な終の住処」をつくるという試みは、当初は、手探りのなかで進めるしかなかった。当時の私はまだ若く、親の介護経験もなかったので、老後や最期のときをイメージすることがなかなかできなかったのだ。

しかしそんな折、義父母の介護に直面し、生活の拠点を東京から京都に移すことになった。実際に介護現場に自ら入った理由は、義父母の助けに少しでもなりたいという気持ちだけでなく、理想の終の住処づくりのためには何事も経験してみなければわからないという意識があったのも事実だ。

そして、看取りの現場を自分自身で体験した結果、満足度の高い最期を過ごす居場所づくりは、住まいの専門家だけでは実現不可能だということがわかった。理想的な最期の居場所をつくるには、医療者や介護者、それ以外にも多様な専門家による連携チームが必須であることを実感した。

しかし、昨今の在宅においても、施設においても、最期を迎えるというときは、ほとんどのケースが医療と介護の専門家だけで完結してしまい、住まいの専門家が入る余地がまったくない。

本来、最期は居心地がよい場で過ごしたいと誰しもが思う。特にこれからの多死社会では、よく言われるＱＯＬ（Quality of Life）ならぬＱＯＤつまりQuality of Death（最期の質）の向上は、多くの人たちが求めるようになるはずだ。

病院や施設で均一に扱われ、みなと同じように最期のときを過ごして死んでいくことが、質の高い最期とは到底思えない。

本来、10人いれば、10通りの最期の過ごし方があっていいはずなのだ。自分なりの満足感のある最期を求めることは、人として当然のことだ。そして満足な最期を迎えることができる場所こそ、理想的な最期の居場所だ。

自分なりの最期の居場所はどこなのか、みなさんがそれを考えるとき、これまで約30年にわたって居心地のよい場所を追求してきた私の経験が、お役に立てるのではないかと考えている。

病状や親族との関係など、それぞれのご事情があるので実現が難しい場合もあることを承知のうえであえて言わせていただければ、私は最期の居場所は、病院や介護施設ではなく、自宅こそがふさわしいと考えている。

その背景には、これから詳述する身内の在宅看取り体験と、介護施設長の立場での看取り体験から確信を得た以下の3つの理由がある。

①自宅で最期を迎えることはさまざまな問題が生じるし、家族のストレスが増大する。しかし、亡き人を思い出す際、関わった人たちには病院死では得られない充実感がある

②病院や介護施設では共同生活を行うためのさまざまなルールがあり、どんなに患者の意向を尊重してくれるところであったとしても、その行動にはなんらかの制約がかかってくる。一方、自宅であれば、一切の制約はなくなり、自分の望み通

りの暮らしが実現でき、人それぞれの自分らしい最期を迎えることができる。つまり、最期の時において、人間の尊厳を大切にした居住空間は、病院や介護施設では実現不可能だ

③病院や介護施設では物理的かつ心理的な行動制限がかかることで、老いのスピードとストレスが増す。医療者と介護者の協力を前提に、最期の居場所はゆったりとストレスフリーで寛《くつろ》ぐことができるようにまわりの人たちが配慮すべきだ

ちなみに、山崎先生は『家で死ぬということ』（海竜社）において、「家には力がある」と述べている。

病院やホスピスでの臨終に比べて、家には痛みを軽減させる何かがあるようで、実際に痛みの度合いが軽いとのこと。自分のペースで過ごせる自由な空間。住み慣れた環境。身近な家族やペットがそばにいることが理由としか思えないとのこと。

やはり、自分らしい最期を迎えるには、自宅しかないのではないだろうか。私が在宅看取りを志向するようになったのは、このような事情からだ。

自宅で義母を看取った私の体験

ここで、身内を在宅で看取った私の体験をご紹介したい。

十数年前にガン宣告を受けた義母は、ここ数年、入退院の生活を続けていた。いよいよ医師から余命宣告をされると、「家に帰りたい」と最期の居場所を自ら希望した。ちょうど祇園祭の鉾立《ほこたて》が始まったころ、中庭のヤマボウシが見える私が設計した自宅に戻ることになった。

太陽の陽射しを浴びることができるリビングのベッドで、寝ながら中庭や月夜を眺めることができ、屋外の気配を感じることができる居場所だ。

ＢＧＭはヒーリングミュージック。水の流れる音や、鳥の声。できる限りフルに五感を刺激しリラックスできるような環境にした。

往診に訪れた医師や看護師も、「ここはとても居心地がいいですね」と誰もが穏やかな気持ちになる居場所を設えた。

義母は茶道や華道の心得があり、気配り名人でもあった。そんな彼女らしく、自分が衰弱していく前に、身の回りをきっちりと整理していた。

公正証書を作成し、納棺時の着物や帯、棺に入れてもらうもの、葬式に呼ぶ人だけでなく、残される義父の死装束まで、長女である妻に説明した。

そのなかに、最期は自宅で迎えたいという項目があった。ガン末期となったとき、自宅で最期を迎えたいという希望に、戸惑う親族も何人かいたが、私は大賛成であった。結果的に、自宅で献身的なケアマネージャー（以下、ケアマネ）と信頼できる在宅診療医と訪問看護師さんに支えられ、義母は自ら望む最期を迎えることになった。

義母は亡くなる最後の1ヵ月半を自宅で過ごした。外出できる状態ではなかったので、中庭に面した回廊を義父が押す車いすで回ることが日課であった。

だんだんと意思疎通が図れなくなり、意識が薄れていたが、日向ぼっこをするなど、天気の移ろいを感じることができる上質な時間を過ごしていた。

老老介護であったので、訪問介護ヘルパーにもお世話になった。何よりも献身的なケアマネが、介護生活初心者の私たち家族を上手に誘導してくれた。

そして、いよいよ義母が大好きだった桃を口に含むこともできなくなり、ベッドに臥床《がしょう》することが多くなってしまった。久々に訪問入浴にお世話になり、本人はもちろんであるが、家族もほっこりとした翌日、しばらくは安定するでしょうという医師の説明に、いったん私たちは東京の家に帰ることになった。

「おかあさん、いったん東京に帰るよ。明後日には戻ってくるからね」と言うと義母は手を振ってさよならを言った。これが最後のさよならになった。

私たちが帰ったその日は孫の誕生日で、その孫と義父に見守られて穏やかに息を引き取った。

最期まで自宅にこだわり、葬儀ホールではなく、檀家であった住職による自宅でのお別れ会を執り行った。大雨の日であったが、自宅から出棺するときには薄日が差し、気づかいの人であった義母らしい最後の演出だった。

担当医、訪問看護師、ケアマネだけでなく、近所の人たちにも見送られて地元の先祖代々のお墓に永眠した。

義母が最期まで自宅にいられたのは、老老介護とはいえ義父が最低限の身の回りの世話をしていたことが大きい。そして車いす生活であったので、階段を使わず中庭のある1階で1日の生活が完結できたこともよかった。

人生最期のたった1ヵ月半ではあったが、自分の希望通り、病院ではなく自宅で過ごし、何かに制約されることもなく自分らしく暮らせたことに、66歳と平均寿命にはほど遠かったが、理想の大往生だとみな感じたものだ。

臨終を迎えたときに担当医に電話したところ、お盆休みでお酒を飲んでいて、いますぐは死亡確認ができないとのことだったが、先生が温泉旅行に行くことも聞いていたので、「急ぎませんので明日の来宅でまったく問題ないですよ」とやりとりしたのを覚えている。医師との信頼関係が構築されていて、対応方法や予想されることを事前に聞かされていたため、こちらも何も慌てることなく穏やかな看取りをすることができた。

ガンは余命のメドが立ち、最期の準備ができるという意味で幸せな病であるとも言われていることに対してとても共感できた日々だった。

意識してしっかりと準備をすれば、自分らしい最期を迎えることができる。そして、穏やかな最期を実現できる場所は自宅という空間なのだと、この経験を通して私は実感した。

義母は死んだら「黒アゲハ蝶になってあなたたちをいつも見守っている」と妻に言ったそうだ。義母の死後、「黒アゲハ蝶」を見ると妻は、母を思い出して話しかけている。

望んでいるのに、なぜ人は自宅で最期を迎えられないのか

自宅で最期を迎えることはさまざまな困難も生じるし、家族のストレスが増大することもある面では事実である。しかし、亡き人を思い出す際には、関わった人たちの充実感と、身内の幸福度の高さは病院死では得られないものだと確信している。国は社会保障費削減を背景に早期退院、在宅医増強を進めている。ここ数年は、在宅死へ誘導するため、診療報酬の増額をして、在宅訪問医を少しずつ増やしている。

実際に、町の診療所においても献身的な在宅訪問医が増えてきており、自宅を「最期の居場所」にする環境は徐々に整備されつつある。

現在、人が死を迎える最期の居場所として主なものは、病院、自宅、老人ホームといったところである。

厚労省データによると2017年の死亡者数134万人のうち、最期の居場所は病院が約100万人（75％）であるのに対し、自宅は約17万人（13％）、老人ホームは約10万人（7・5％）となっている。

ちなみに50年ほど前の1965年は死亡者数70万人のうち、病院が約20万人（28％）、自宅が約45万人（65％）と自宅死は病院死の2倍以上だった。

病院死が自宅死を上回ったのは1976年からだ。自宅で最期を迎えるということは四十数年前まではあたり前だったのだ。その貴重な文化はいま、日本社会から失われてしまっている。

これは1961年に始まった国民皆保険制度や医療技術の進歩が大きいが、介護力が弱いとされる核家族世帯増加もこの激変の一因だと考えられる。

年間死亡者数は2040年に165万人とピークになると予想されており、内閣府が行った高齢者の健康に関する意識調査（平成24年）によると、最期の居場所は病院などの医療施設がよいと考えている人（28％）や介護施設がよいと考えている人（９％）に比べて、自宅がよいと考えている人（55％）は圧倒的に多いにも関わらず、大半の人が希望とは異なる場所で最期を迎えているのが現実だ。

では、なぜ自宅で死ねないのだろう？

医療ジャーナリストの蒲谷茂氏は著書『自宅で死にたい　しあわせな最期の研究』（バジリコ）にて以下のように考察している。

自宅で死ぬには、家族の協力や知人の手助け、さらに公的サービスがないと難しく人の手をまったく頼らずに自宅で死ぬことはできない。高齢者自身が迷惑をかけたくないと思えば思うほど、そのハードルは高くなっていく。

終末期に在宅で療養ができた場合の条件を探ってみると、

・必要な在宅医療・介護サービスが確保できたから（42・９％）
・病状などから、医療機関における医療が必要ないから（33・９％）
・家族などの介護者が確保できたから（32・９％）

が上位に並ぶ。

面倒を見てくれる人や環境が整ったことが自宅で療養できる理由になっているが、蒲谷氏が注目したのは、これらの項目と別に、

・本人、家族などが強く希望したから（33・4％）

という項目であった。

つまり、本人や家族が、自宅で最期を迎えることを強く希望することが、自宅で死ぬためには重要なのだ。

一方、自宅で最期を迎えることが困難と考える理由の大きなものは、「介護してくれる家族に負担がかかる」と「病状が急変したときの対応に不安がある」だ。

つまり、自宅で最期を迎えるためには「信念」と「覚悟」は必要となる。

もちろん私は、自宅という場所自体にこだわっているのではない。自宅を理想の場所とすることが容易だと考えているだけで、自宅ではなくとも、自宅と同じような上質で穏やかな最期の時間を過ごすことができる居場所があればそこでもよいのだ。

たとえば、すばらしい看取りができるホスピスがそのような居場所となり得る。

一方、介護施設のなかには看取りに消極的なところも多い。そして、介護施設のなかでいちばん人気の特別養護老人ホーム（以下、特養）ではいろいろなリスクやスタッフの過度なストレスを考慮して、看取りはできず、終末期には退去させられるところも多いのが現実だ。

自分らしい最期を迎えるためのホスピスの利点

義父は約6年半の老人ホーム生活後に、ホスピスで最期を迎えた。ホスピスの一般的な入居条件は、末期ガンなどで余命宣告をされていることとなっている。

ホスピスでの暮らしは人生最期のたった2週間であったが、妻は義父の若い頃の写真や結婚式の写真を持っていき、義父と過ごした思い出の日々を面会のたびに話し、最期の時間を父とふたりでゆっくりと過ごすことができた。

意識が薄れるなか、看護師さんがベッドに寝かせたまま敷地内の庭園へ散歩に連れていってくれたり、ボランティアのピアノ演奏をベッドのまま聴かせてくれたり、好きだった懐かしの映画音楽を聴いたりと、最期にふさわしい上質な時間を担当医はもちろんであるが、スタッフみなが演出してくれた。犬好きの義父のために、愛犬との十分な触れ合いができたのは言うまでもない。

義父が過ごした理想のホスピス専門病院（薬師山病院）の理念と基本方針は以下の通りである。

理念

『やくしやま』は患者と家族、職員とボランティアがそれぞれの生き方を尊重し、充実した生活を過ごす家である。

基本方針

・『やくしやま』は痛みなどの不快な症状の緩和につとめ患者と家族がその人らしく生きられる家である

・『やくしやま』はケアを始めたときから死別後まで、患者と家族へ全人的ホスピスケアを行う家である

・職員とボランティアは患者、家族とともに生き、学び、よりよいケアを提供する

薬師山病院はすべてのスタッフがこの理念に共感していることがわかり、居心地がよかった。そして理念と基本方針に強調されている、病院とも施設とも違い「家」であるという宣言通りであった。つまり、病院や施設では共同生活を行うためのさまざまなルールがあるが、「家」では自分が望む暮らしができる。「あなたらしい最期を迎えることができます」という意味で、まさに人間の尊厳を大切にした居住空間を実現していたホスピスであった。

穏やかな最期を迎えた夜、看護師さんから亡き骸を清めるエバーミングを家族と一緒にと提案され、完璧な演出で幕を閉じた。

四十九日が終わり、担当の先生宛にお礼の手紙を書いたところ、先生から丁寧な手紙が届いた。一患者の家族が出した手紙に返事がくることも驚いたが、内容にも感動した。

医師は特別なことは何もせず、看護師たちに任せていたということ。一般病院では入浴不可の不整脈等の様態であったが、家族の要望に応えて普段通りに入浴をしていたこと。意識がほぼない状態で、胸をトントンと叩く動作が苦痛の表現でなければ、それ以外はほとんど苦しそうな様子が見られなかったことなどが綴られていた。

ちなみに、費用は滞在1日当たりに換算すると安くはなかったので、それなりの覚悟は必要となる。お葬式は質素にしてでも、なんとかホスピスの費用を捻出しようと入居前に決めていたのだ。

ホスピス先進の欧米では治療のための機能性が要求される病院と違って、ホスピスでは快適な環境が患者の苦痛の緩和に大きな影響を与えるとして、室内の装飾、照明、食事、娯楽、介護にあたる人たちとの人間関係などにきめ細かく留意しているそうだ。

ホスピス内は温かい家庭的な雰囲気が溢れており、どこも緑の木々や草花に囲まれてゆったりとした庭園での散歩が毎日できるようになっている。

これら欧米のホスピスの理念はよりよく生きるために行う援助のすべてを指し、決して単なる「死に場所」ではない。

日本にも山崎先生がいた聖ヨハネ会桜町病院などの欧米型のホスピスがあるが、総合病院のワンフロアをホスピス病棟にしているところもある。

まだ日本ではホスピスは絶対量が少なく、質より量も必要な段階なので、それが悪いと言うつもりはないが、一刻も早く欧米レベルの居住空間を実現するホスピスが増えることを望む。

最期の居場所としての病院の現実

病院で働いている９割の医師や看護師は、人が自然に穏やかに亡くなる過程を一度も見たことがないと言われている。つまり、最期の最期まで医療の手が加えられているということだ。近代医学では、死の間際まで治療を行うことが原則になっているから仕方がない。

最近は最期まで診る、もしくは治すことが半ば義務となっている一部の医師たち自身が、「終末期には医療とは関わるな」と私たちに指摘することもある。医師の仕事は患者を生かすことであり、患者の明確な希望がない限り、懸命に延命とも言える治療を施すものだ。それが必ずしも患者のためにならないと思いながらも、医師としての使命感がそうさせるのだ。

ある医師は「死とは何か」ということを勉強しないまま、人間を死に至らないようにするためにはどうしたらいいかという技術的なことだけを学んだと言っている。日本の長い歴史のなかで直近の四十数年間が、病院死が多いだけなのだ。いまでこそ病院のなかにも、「最期は自然に任せて」という方針のところはあるが、一般的に病院は待つことができないらしい。病院にいるとみなで何かをやってあげることがよいこととされがちで、食べられなくなったらすぐに点滴をし、それで腹水がたまれば待たずに抜く。

しかし自宅であれば、家族も医療に過度な期待をしないし、「仕方ないね」と言って待つという時間の流れとなる。家族や家には「癒やし力」があるという医師がいる。家族が見舞ったり、外泊で家に戻ったあとは各種の検査数値がよくなり、抵抗力や免疫力が上がるらしい。

自然な最期を迎えたいと思ったら待つことがとても大事。本来は病院であろうと施設であろうと「待てる」医療・介護であるべきだと思う。

いちばん人気の「特養」という居場所

昨今、介護離職者が10万人を超えると同時に、特養待機人口が一時的に50万人となったことが社会問題化したこともあり、介護施設は増え続けている。直近5年間では特養が133%、サ高住が150%、有料老人ホームが200%の増加率で、いまだにどんどん増殖中だ。

一般的に入居者の平均要介護度が高い順（自立度が低い順）に主な介護施設を並べると、特養、介護老人保健施設（以下、老健）、グループホーム、介護付有料老人ホーム（以下、介護付有老）、サ高住、住宅型有料老人ホーム、ケアハウスとなる。

また平均的な利用料が高い順だと、介護付有老、サ高住、グループホーム、特養、ケアハウスとなる。

みなさん違いがわかりますか？

縦割り行政の弊害もあり、複雑怪奇な高齢者の居場所の種類が一般の人には到底理解できなくなっている。

入居条件の点で比較すると、特養は要介護3以上、グループホームは認知症認定、介護付有老は要介護認定、サ高住は60歳以上、老健は数ヵ月程度のリハビリ後に退去することが前提など、いろいろな基準がある。

運営母体によっても異なり、社会福祉法人が多い特養は入居条件がほぼ一律だが、民間が主流である介護付有老などは、基本的には運営者によって自由裁量とされている。

その他、要介護まではいかない元気な高齢者向けの居場所としては、住宅型有料老人ホーム、無認可の有料老人ホーム、シニアマンションがある。

この3つはほぼ完全に自立型で、運営事業者によって特色が大きく異なる。

私の叔母が入居しているシニアマンションは、趣味のサークルや家庭菜園が充実し、とても理想的なお年寄りコミュニティができており、井戸端会議ならぬ大浴場会議がとても楽しいらしい。もし機会と予算が合えば、前向きに検討してよい高齢者の居場所だと思う。

一般的には、まず利用料が安価と言われている特養に入居したいと考える人が多い。少なくなったとは言え、２０２０年現在でも待機人口は約30万人で、すぐには入れないため入居申込をして待機することになる。すぐにでも入居しなければならない人や、お金に余裕のある人が特養以外に入居するという傾向がある。

特養は従来型といわれる定員１００人程度で、入浴は大浴場に複数人で入る（大規模一括処遇形式）など、質より量が必要だった「入居は措置」の時代に普及した。過去の反省から定員30人程度のユニットのある特養がいまでは主流になり、それにともない利用料も高い所が増え、ユニット型特養と介護付有老の違いがなくなってきている。

特養には「介護＝やってあげる措置」時代の文化が残っているところが多く、民間企業運営の介護施設では「介護＝サービス業」であるという理念で運営されているところが大半である。入居者のことを○○様と呼ぶことを徹底することも違和感があるが、まだまだ「介護はサービス業」であることは現場レベルには浸透していないので、致し方ないと思う。

安価で施設も充実し、なおかつ介護スタッフが多いということで介護施設のなかでは常にいちばん人気の特養では長い間、高齢者をおしなべて「おじいちゃん」、「おばあちゃん」呼ばわりしたり、個性を無視して集団で童謡を歌わせたりしてきた。近年は一人ひとりの人間性を認める改善がなされてきたが、それも当然のことである。

基本的には株式会社は特養をつくれず、社会福祉法人が運営主体であり補助金も民間老人ホームに比べると潤沢なので、いろいろと充実しているのはあたり前といえる。民間介護施設ではあり得ないが、内部留保が数億円の特養が多いことが一時話題になり、多少の締めつけはあったが、それでも介護施設のガリバーであることには変わらない。

家族経営で世襲制の特養も散見されるが、民間では対応できない生活保護者の入居枠を一定数確保するなど、社会のセーフティーネットとしても存在感が大きい。

入居にあたっては入居判定会議という名のもとに、なるべく手間のかからない、おとなしい人を優先して入居させるという傾向が実際にあるという。民間介護事業者ではなかなかできない、入居者を選ぶという殿様商売をしている特養が実は多い。

変わる「特養」の最新事情

最先端の特養が完成したとのことで見学会に行ったことがある。特養に併設してサ高住や小規模多機能居宅介護事業所などの高齢者サービスだけでなく、保育園もある最近はやりの複合施設であった。

床を本物の畳としていることにまず驚いた。裸足で歩くととても気持ちよく、私が理想とする五感に訴求する居住空間を目指していることがわかり、とても好感がもてた。

ただし案の定、食堂の畳は汚れて隙間にご飯粒が……。私はそれが快適空間をつくるための一要素でよいと考えるのだが、一般の見学者や介護スタッフには否定する人も多いだろう。

浴室も家庭用と同じ1人で入る個浴中心であり、かなり頑張っている特養で応援したくなったが、介護スタッフの苦労がとても大きいことが予想できた。

介護も料理と同じで手間をかければかけるほど、よくなる一面があるのは間違いないが、手間をかけすぎても今度は、子育てと同じで往々にして失敗するということを肝に銘じておきたい。

高齢者の居住環境整備では最先端を行くスウェーデンの高齢者ケアと住環境を研究し、京都大学教授として高齢者施設を「施設」ではなく「住まい」に変えようと尽力したのは故外山義先生だ。先生は著書『自宅でない在宅・高齢者の生活空間論』（医学書院）において、特養での施設特有の音の硬さと会話量の少なさが、入居者の日々の生活にストレスを強いると指摘している。

自宅は布や紙や畳などが触れ合って生じる柔らかい音環境であるのに対し、施設は車いす対応の硬い床を上履きで歩き回るスタッフの足音などが多く、硬い音環境であるという。この硬い音環境下では、入居者に過度な緊張感を与えてしまい、人間の居場所としてはリラックスできる環境ではないという。

また外山先生は、特養の空間の貧しさが行動の貧しさに直結すると問題提起されている。

廊下の行き止まりで排尿してしまったり、ベッドからマットを引きずり下ろしてしまったりといった、いわゆる問題行動としてとらえられがちな行動も、その認知症高齢者に染みついたある種の空間感覚をもとに、馴染めない施設の環境に対してその人なりに対応しようとしているのだと理解すべきであるとしている。

こうした場合には背景として、自宅の便所の位置関係や雰囲気が似かよっていたり、かつての排尿習慣と関連があったり、自宅では畳就寝で押入れからの布団の出し入れが習慣になっていたりしている。

そして、空間の「仕掛け」で行動の貧しさを少しでも紛らわすことができると提案した。

日本の伝統的な住まいでは空間の作法という文化があり、上《あが》り框《かまち》、床の間、座敷と襖の開閉、縁側や囲炉裏等、独特の生活行為に対応した空間の仕掛けが数多く存在する。

こうした要素を高齢者施設の公私の空間に豊かに生かしていくことにより、入居者にとって消えてしまっていた行為や動作へと誘導することが可能になるとのこと。

一昔前の特養では主流だった４〜６人部屋のいわゆる多床室をなくし、新築では特養であっても個室があたり前の時代になってきた。それと同時に、介護サービスのあり方が従来型特養形式の「大規模一括処遇」から、入居者の残存能力や自立意欲などを考慮した「個別処遇」へと変わってきている。

一括処遇の時代は、誘導さえすれば自力で排泄が可能な高齢者にまでオムツがあてられ、ベッドからベッドへと機械的に排泄介助が行われるのがあたり前であった。しかしながら、個別処遇の現在は排泄介助の形態はトイレ誘導、ポータブルトイレ、オムツなどに分かれる。１人当たりの介助時間も入居者の状態によって、１分弱ですむ人から10分以上かかる人までさまざまに異なる。

そのため、１人のスタッフが多床室において入居者全員の排泄介助を順次行うような状況は見受けられなくなっていること自体は喜ばしいことだが、介護量の著しい増大を招き、特養から民間介護施設への大量転職の一因となっている。

多床室だと入居者同士が、お互いにコミュニケーションを取ったり助け合ったりすることができるとして、多床室復帰論者が存在する。しかし、外山先生の研究グループが実際に多床室で調査した結果、期待とは異なり入居者は、同室者に対して背を向けた姿勢をとってほぼ一日を過ごしている。同室者同士は交流するどころか、むしろ互いに関わりを避けて生活している様子が浮かび上がっている。

まったく生活史の違う3人なり5人の高齢者たちが1部屋のなかで生活するときに、そういう状態に慣れようとすればある感覚がカットされてゆくしかない。

それが一般的にいう認知症のある側面でもあるだろうと述べている。外山先生は最後に以下のように結んでいる。

「在宅か施設」という二元論の中間に「自宅でない在宅」が存在する。それは単に住む場所の問題ではない。たとえ住み慣れた自宅を離れて施設に移ったとしても、再び個人としての生活領域が形成され、生命力が萎むことがないのなら施設も「自宅でない在宅」であり得る。

玉石混交の「サ高住」の実態

サ高住（サービス付き高齢者向け住宅）は２０１１年創設の新しい制度で、地域のみなで協力して高齢者を支えていくという厚労省の方針を背景に、普及促進が目指され、建設費の10％が補助金として国から出るようになっている。

それによりいままではアパートを建てていた業者が、猫も杓子もと介護業界に大量参入して、２０１９年末で７５００棟25万戸が乱立している。

サ高住は自立度の高い人を想定した制度であり、あくまでも「介護施設」ではなく「住まい」であるので、介護サービスは外付け（標準ではつけない）でよいとされている。その理由からサービス付き高齢者向け住宅のサービスとは、介護サービスではなく、介護をせずに見守るだけの安否確認サービスであるという。これは、一般通念では理解に苦しむ定義であるため、現場ではさまざまな混乱を起こしており、中途半端な過渡期的制度であるといえる。

私は以前、旧建設省建築研究所で住まい関連の法改正の根拠となるデータ作成業務に携わることがあったが、住まい関連の法律において、住まい手ファーストではない事柄が、国の都合を優先して法改正される事例を知った。

サ高住においては、介護ヘルパー事業所を建物内部や近接地に設置すると介護報酬が減額され、同法人のヘルパーだけでなく、外部ヘルパーも利用するようにと行政指導される。同一建物減算と言われ、同法人で利用者を囲い込むことを防止するための指導だが、利用者の立場で考えると、いつもの顔なじみの同法人のヘルパーだけに介護してもらったほうがよいことは明らかである。

また、生活保護の人たちを入居者ターゲットにするという貧困ビジネスに近いサ高住も、地域によっては増えている。家賃を低く設定し、介護サービスは利用者負担金なしとなる生活保護制度を利用して、国からもらえる介護報酬で収益を確保するというビジネスモデルである。地域によっては生活保護の人がサ高住に入居すると、家賃補助が停止され、実際は入居できない所もあり現場は混乱している。

サ高住について、お年寄りのシェアハウスと言った人もいた。

日中のみ、見守りスタッフ配置が義務付けられているので、近所に住む大家さんが3食の賄《まかな》いをつくってくれる賃貸マンションといったほうがわかりやすいと思う。

介護が必要な人は近くのヘルパーが来てくれるし、夜間は常駐する人はいなくてもなんらかの方法で安否確認はしてくれるというイマイチわかりにくい仕組みだ。

国は地域の高齢者コミュニティの拠点にしたいらしく、地域に開かれたスペースを併用するサ高住計画案には、補助金増額をして誘導している。

実際のところ、利用者ファーストな差別化をしたり、地域に開かれた駄菓子屋を併設していることをウリにしたり、入居者自身が働くことができるような生きがいづくりをしたりと、いろいろな特色づくりに頑張っているサ高住も増えている。しかし、単にアパートを建てる感覚でつくられている、なんの魅力もないハコモノのサ高住もそれ以上に増えているのが現実だ。

そのような背景から、経営難でサ高住ごとの物件売買情報も増えている。人件費が安いヘルパー初心者のみで運営し、食事も3食弁当などという、なんとも悲しいサ高住も実際に増えている。運営事業者によって、その実態がさまざまであるのが現在のサ高住であり、まさに玉石混交と言える。

入居者の平均要介護度は、特養が4程度と要介護度が高い人が多いのに対して、サ高住は1〜2と比較的元気な高齢者が多い実態がある。

介護福祉業界の長老たちや医療者たちは、こぞってサ高住否定論者が多い。

実際に私もサ高住の営業をしていたときに、地域の福祉事務所で「サ高住です」と言ったとたん、門前払いを受けたことも数回あった。

法的には見守りという安否確認しか求められておらず、夜勤スタッフも義務付けられていないとあっては、高齢者の住まいとしてはふさわしくないという理由などから否定する人も多い。しかし、入居者ターゲットを絞り、世の中に求められるサービス提供をして頑張っている行列のできるサ高住もあるのだ。

ただあまりにもレベルの低いサ高住が増えているのも事実なので、介護福祉業界の長老たちに共感できるところもある。

認知症が進んで特に夜間の徘徊が顕著になってくると、サ高住では退去勧告されるところが実は多い。夜勤がいるサ高住では、ほとんどが1～2人体制だ。そんななかで徘徊されてしまうと、手間が過大になり面倒を見切れないという理由が大半だ。玄関の施錠が夜間以外はされないところも多く、認知症が進行してくると離設（介護業界用語の一つだが施設から外に出て行方不明になること）が防げなくなるので、認知症が進んだ人は一般的なサ高住、特に大手運営事業者のサ高住だと退去しなければならなくなると考えておいたほうがよい。

一方、認知症が重度化しても入居可能であることをウリにしているサ高住も増えてきている。建物に何か違いがあるわけではなく、わずかな違いと言えば玄関が常時施錠されていることぐらいだろう。

この手のサ高住は小規模運営事業者のところが多く、せっかく入居してもらった人を認知症が進んだくらいでやすやすと退去させて、売上げダウンしては困るという思惑もある。徘徊がひどくなってもなんら特別な対策はなく、マンパワーで対応することになり、現場スタッフに過度な負担を与えてしまうことになっている。

サ高住が「常時満室」と「常時空室」に二極化する理由

全国的に乱立しているサ高住は常時満室のところと、常時空室ありのところに二極化している。

常時満室のところは2タイプあり、地域最安値か、いろいろと入居者のためのサービスを充実させているサ高住のどちらかだ。

サ高住を検討している方は、満室のところをまずはリストアップしよう。

一方、オープンから2年以上がたつのに常時空室のところは何か問題があると考えたほうがよく、見学に行くだけ時間のムダだ。

全国サ高住協会から、驚異的な差別化をしているサ高住見学会の案内があり、行ったことがある。

平均要介護度は4を超え、ほぼ要介護度5の寝たきりの人ばかりで、居室にこもっているので定員30人であったがホールは閑散としていた。

運営主体は訪問看護事業所であり、ケアマネ兼看護師の責任者が案内してくれた。明るく活発な責任者であり、手際もよく仕事ができる感じだった。寝たきりの方は褥瘡《じょくそう》などのなんらかの医療的ケアが必要になる人が多く、介護報酬より高額な訪問看護サービスを充実させて、報酬をしっかりといただくというビジネスモデルだった。

このようなサ高住は、日々のレクリエーションなどのイベントの手間が不要となる分、看護師を充実させているナーシングホームとも呼ばれるタイプだ。

徘徊で動き回る入居者がいなく、定時サービスが実現して効率的運営モデルであると協会の案内者は説明していた。おっしゃる通りで社会的な存在意義は大きいと思うが、自分の親を入居させるのは正直ためらうサ高住であった。

また、病院が運営主体であるサ高住も多い。24時間、何かあれば看護師が近くの病院から駆けつけることをウリにしていたが、夜間帯は常駐のスタッフがいないところもある。
サ高住には夜勤常駐スタッフ配置が義務付けられていないので、法的には問題ないのだが、高齢者を預ける家族側の立場で考えれば不安感がぬぐえないのは明白だ。病院も早期退院をさせないと売上げダウンになるのだが、自宅の受け入れ態勢ができていないことも多く、その受け皿としての病院併設サ高住という位置付けである。

このような一種のたらい回しや利用者の囲い込みは病院だけでなく、老健でも同じことが起きている。2〜3ヵ月のリハビリをして自宅へ戻るという在宅復帰支援のための介護施設である老健では、リハビリを終えて在宅復帰が実現することがある種のノルマとなっている。

そこで、在宅扱いのサ高住と連携して1ヵ月間だけサ高住へ入居して在宅復帰したこととして、1ヵ月後には老健へ戻るという流れだ。老健も常時満室のところと常時空室のところに二極化しており、常時空室のところが入居率向上のために入居者のたらい回しをしているところがあるのだろう。

大手のサ高住事業者が展開しているサ高住にも、見学に行ったこともある。大体が定員30～60人程度の大規模施設だ。玄関ホールは豪華に見せているが、居室や廊下が殺風景きわまりない。

経済合理性が最優先されており、出し惜しみをしているのだろうが、居心地のよい場所はまったく見ることができなかった。

サ高住は、30室で延床面積１０００㎡以下が建築費と売上げの比である投資回収効率がいちばんよいとされる規模だ。そのため、中小規模の運営事業者はほとんどがその規模である。

どこも定員が決まっているため、利益を上げるためには平均要介護度を上げるか、人件費を下げるしかない。平均要介護度を上げるための例としては、当施設は自立や要支援の方は入居できず、要介護認定の方のみしか入居できませんと宣言すればよいのだ。

私も住みたいと思った最新「サ高住」

いままで見学したなかで日本一のサ高住で私自身も住みたいと思ったのが「シェア金沢」だ。金沢市郊外の刑務所横の約1万坪の広大な敷地に、障がい者施設、アトリエ付き学生向け賃貸住宅、地域の人も利用できる天然温泉や店舗、アルパカ牧場までが「ごちゃまぜ」に点在している小さな街だ。

学生向け賃貸住宅に住む学生は施設内での定期的なボランティアを条件に安価に入居することができ、入居する高齢者の方々も施設内で働くことができるという多様性に富み、居心地のよさも備えた完成度が高い居場所だ。

ここでは重度の障がい者と認知症の高齢者の触れ合いの場をつくり、理学療法士が2年かけたリハビリで実現できなかった重度障がい者の上半身可動域を大幅に向上させた例がある。また、ＡＤＨＤの子どもと保育園児との触れ合いの場をつくって、お互いの共感力を高めるといった画期的な取り組みもなされていた。

運営主体の社会福祉法人「佛子園」理事長の雄谷氏に、現地で聞いたポイントは以下５つだ。

・生きがいのある人は生存率が高くなる傾向にある
・人生の目的がある高齢者では要介護の発生率が約40％低下する
・地域活動への参加率の高い地域は要介護認定率が低くなる傾向がある
・人と交わるだけで健康になる
・人とのつながりから生まれる支援でボランティア参加者が急増中である

サ高住の最新事情としては、看取り対応が可能なサ高住が徐々に増加していることが挙げられる。しかし、日経新聞（２０２０年1月30日付）によるとサ高住の入居者の7割近くは「人生の最期まで住みたい」と答えているのに対して、サ高住事業者の約8割は終末期のケアは対応できないとし、介護ニーズと受け皿のミスマッチが多くなっている。

一般的に自立度の高い人たちを対象とした制度であるサ高住では、看取り対応不可のところがいままでは多かった。

看取り対応可とすると、業務の難易度とリスクを高めることになり、スタッフ人数を最小限かつヘルパー初心者集団で運営していると言われているサ高住では、対応しきれないという事情があるからだ。

しかし、乱立する介護施設のなかでの差別化と、サ高住をターゲットとした介護報酬削減に対抗するため、看取り対応をしていくことで退去を防ぎ、平均要介護度の向上、つまり売上げ向上を目論んでいる施設もある。

サ高住や介護付有老では、年間約20％の退去率が平均的であると言われている。死去や特養への転居が多く、常に入居者を新規募集している状況だ。施設経営者側は少しずつ要介護度の高い人の入居を望むが、現場側は介護サービス量が増えるので要介護度の高い人は入居してほしくないと考えているのが実情だ。

「サ高住」での実際の看取りケース

約８割の人が病院で亡くなるこの令和の時代に、医療者でない者が人の最期に立ち会う機会は極端に少ない。ましてや業務として最期に立ち会うという経験をしたことがある人はごく稀だし、看取りという業務経験が豊富で他人に指導できる人はさらに少なくなる。

実際、私が施設長をしていたサ高住のベテラン介護リーダーも、看取り経験はゼロであった。

人の最期を看取るという仕事は、いろいろな観点でとてもナーバスな業務となる。医療的なことは在宅医と看護師がサポートし解決してくれるが、医療的なこと以外の面でも看取られる人と看取るご家族へ最大限の配慮と気遣いが必要だ。

しかも、それが24時間体制でいつまで続くかわからない。末期ガンの平均在宅期間は1・5ヵ月と言われている。病院で治す治療を受けていたが、治療の方法がなくなり、在宅での緩和医療（痛みを取る医療）に移行してから、最期を迎えるまでの期間は短いと言われているが、看取る側のスタッフとしては精神的ストレスが大きく、とても長い1・5ヵ月となる。

私は自分が設計した終の住処を掲げるサ高住で施設長となったとき、入居者全員にここが最期の居場所だと思ってもらえるようにすることを最優先に尽力した。

その結果、地域最速で満室になり、オープンから4年間で看取りの同意書にサインをいただいた9名の方を看取らせていただいた。9名全員がいわゆる平穏死であった。

終末期に近づくと家族へ密に連絡するとともに、容態の変化がすぐにわかるように見守りの頻度を増やしたり、スタッフルームにいてもらう時間を長くしたりした。

ご臨終の2週間前くらいから、眠っている時間が多くなってくる。そして食べる量、飲む量も減ってくる。

「食べないから死ぬのではない。死に時が来たから食べないのだ」という著名在宅医の言葉を頭に浮かべながらも、24時間電話は手放せなかった。

幸いにも激しい痛みを訴える方がいなかったので担当医の指示のもと、みな穏やかでゆったりとした時間の流れのなかで最期を迎えてもらうことができた。

ただ、たとえ苦しむ状況があったとしても救急車を呼ばずに担当医に連絡して指示を仰ぐ必要があった。救急車を呼ばない理由は、１１９番通報すると事件・事故を前提とした病院死の流れになってしまい、穏やかに最期を迎えたいとしたご本人の要望に反するという問題だけでなく、警察による現場検証が入り、スタッフに極度のストレスを与えることになってしまうからだ。もちろんこのあたりについては、看取りの同意書にて説明と同意はいただいていた。

ある方の臨終のタイミングではご家族に電話をしたうえで、できるだけスタッフみながご本人の部屋に集まり、ただ何もせずに見守るためだけに寄り添った。下の階ではカラオケ大会が開かれており、スタッフが中断すべきか相談してきたが、入居者全員で弔うことはすべきでないと考え、カラオケ大会の続行を指示した。

そして苑の看護師によるエンゼルケアを行い、葬儀社の迎えを家族とともに待ち、送迎車が見えなくなるまでお見送りをすることで一連の業務は完了した。極度の緊張が継続する慌ただしい時間で、どっと疲れが出た。

これが看取り初心者集団の私たちができる全身全霊のおもてなしであった。

映画『おくりびと』の原作である『納棺夫日記』（青木新門著　文藝春秋）には亡くなったあとの納棺をする人の日々が赤裸々に綴られており、納棺の仕事は「静」であると感じたが、それに対して、看取りの仕事は「動」であることを実体験した。

介護保険制度の矛盾が入所者を幸せにしない施設を生んでいる

介護の社会化、つまり、介護を家庭内の個別問題とせず、社会全体で制度としてともに解決をしようという壮大な社会実験が、２０００年に始まった介護保険制度の本質だ。

国は３年毎の介護報酬改定のために介護サービス事業所の利益である収支差率を調査し、もうかっている種類の介護サービスは一律に介護報酬を減らしている。

介護報酬財源は税金が半分を占めるのでシビアであるのは当然だが、介護サービス事業者側としては頑張って利益を上げようとするモチベーションは失せ、人件費高騰の折、適正利益の確保すら困難になってきているのが実情である。

そもそも要介護者が５００万人に迫ったいちばんの理由は、高齢者人口増、長寿化、核家族化による単身高齢世帯の増加であると言われている。

もちろんそういう一面はあるが、私は乱立している老人ホームが要介護者を増やしているとも考えている。

その理由は入居者の要介護度に比例して施設側の収益が上がるので、施設経営者側は要介護度が下がってもらう（元気になる）と困ると本音では考えているのだ。

もちろん現場レベルではさまざまなリハビリやレクリエーションを行い、少しでも元気になってほしいと考えているスタッフが圧倒的多数だ。

しかし、要介護度が下がるぐらいＡＤＬ（日常生活動作能力）が向上したとしても、要介護認定調査時には要介護度が下がらないような工夫をするのが介護施設運営上の暗黙のルールとされている。

明らかに介護保険の制度設計上のミスである。

付け焼き刃的に国は要介護度を下げることができた介護サービス事業者にはご褒美のインセンティブを出す方向に誘導しようとしているが、現状の制度設計では当面無理であろう。

要介護者が増えているもうひとつの理由は、どんどん増殖している老人ホームに入ると物理的、心理的な行動制限がかかることにより、自宅で暮らすよりも老いのスピードが速くなる傾向があるということが挙げられる。

自宅で暮らしていると、帰宅して他人に気兼ねなくリラックスできる空間と、外出して少し気を張って人と会ったりする空間など、性質の異なる空間を移動し出入りを繰り返すことができ、私たちの精神的活動に大きく刺激を与えているのは間違いない。

それが老人ホームに入ってしまうと、引きこもりがちになってしまったり、新しい環境にうまく対応できず、老いのスピードが加速してしまうことがあるのだ。これも、要介護者を増やしている要因と私は考えている。

以上、この章では、日本の高齢者にとって、「最期の居場所」となり得る代表的なものの現状を見てきた。それぞれの場所に、それぞれ必要とされる理由があるのは確かだが、住環境の専門家として見てみると、自分らしい理想的な最期の居場所としてもっとも適しているのは自宅だと言える。

もちろんそれぞれの方の置かれた環境によって一概に言えないことも確かだが、いちばんいいのは自宅であり、次に適しているのはホスピスだと考える。私がいちばん自宅をおすすめするのは、金銭的にもそれがもっとも安価となるケースが多いからだ。

広くて綺麗な自宅の人はよいが、そうではない人は本当に自宅がいちばんいいのだろうか、と考えられると思う。しかし現実に、自宅とホスピス以外では少なくとも居住空間としては、穏やかでゆったりとした時間のなかでの最期を迎えることは不可能である。これが、建築士であり、かつ介護施設長を務め、いくつかの看取り経験もしてきた私の結論である。

第２章

「介護施設に入るべきか？」、迷ったときに知っておくべきこと

入居を迷っているなら見学には絶対行ってはいけない

現在、介護施設、老人ホームへの入居を迷っているというご高齢の方、あるいは、自分の親族を施設に入居させたほうがいいのではないかと迷っているご家族の方はたくさんいらっしゃるだろう。

しかし、はっきり言っておきたいのは、迷うくらいなら絶対にやめたほうがよいということだ。自宅を売却して入居権利金を準備するなんてもってのほかだ。

とは言え、自分の衰えを実感し、今後のことが不安になってきたという人もいるだろう。また、子どものほうからすれば、最近、親の様子がおかしくなってきた。いまひとつ自分のおかれている状況が理解できていないように思えるし、排泄に失敗することが増えてきた。このまま自宅で住み続けることはできるのだろうか、と不安を抱える人も多い。

そのような心配が膨らんでいくことで、そろそろ施設へ入居する時期なのだろうかと多くの人は思い始めるようになる。

また、子どもなどの親族が老親の認知症を疑い、病院につれて行ったほうがいいのだろうかと、迷い始める時期もこのあたりだろう。

病院に行けば、多くの場合、認知症診断をしてくれるだろう。軽重の差こそあれ、後期高齢者となれば、認知症と疑われる症状はたいてい表れるものだ。認知症の診断がされると、ますます施設への入居を考えるようになっていくだろう。

しかし、いま一度、考えてほしい。介護施設や老人ホームに入るのは簡単だが、出るのは難しいということをまず知ってほしい。

入居してみて嫌だったので、出ていきたいとなっても、新たな行き場所がないということにもなりかねない。金銭的負担も大きなものとなるだろう。入居するには、それなりの決断と覚悟が必要であることを肝に銘じてほしい。

逆に、施設への入居を希望するのであれば、選り好みをしなければ簡単に入れるだろう。基本的には供給過剰気味であるため、近くの施設が満室でも、少し広範囲に探せば、入居できるところはすぐに見つかる。

ただし、よい施設はどこもすでに満室になっているため、すぐには入れないだろう。オープンして5年以上たつのに空室がある施設は、どこも大小の差はあれ何らかの問題があると考えていい施設だ。

サ高住の施設長も経験した私がみなさんに言いたいのは、まだ入居を迷っているという段階では、けっして老人ホーム見学に行ってはいけないということだ。

老人ホームではどこにでも入居者獲得マニュアルのようなものがあり、見学者には最短で入居してもらうような営業話術が用意されている。

「せっかくのご縁ですしね。まだ元気なうちに入居していただければ、今後の生活は安心安全で何も心配することがなくなりますよ」

というような営業トークで気持ちが揺れる方が実際に多いのだ。

しかし騙されてはいけない。私もサ高住の施設長だった頃、似たような営業をしている現場に何度となく遭遇したが、あくまでもこれは先方のビジネスであり、本当にあなたのためになる場合は限りなくゼロに近いと考えてほしい。

実際にあなたとあなたの家族のためになることは、介護施設や老人ホームに入ることではなく、自宅で住み続けることでしかかなわないのだ。自宅に住み続けることを簡単に諦めてはいけない。

経済的にも、介護施設より自宅に住み続けるほうが無駄にお金を捨てずにすむのだ。

ただし、多少無理をして自宅に住み続けることによって、いろいろなトラブルが起こることだけは覚悟してほしい。

バリアフリーでない自宅で転倒して骨折してしまうことや、認知症が進んで徘徊や問題行動が頻繁になって、近所の人や家族以外に迷惑をかけてしまうようになることも考えられる。

しかしここで、やはり介護施設に入るべきだったと後悔してはいけない。このような場合は、介護施設に入っても同様のトラブルは起きるのだ。自宅だろうと、施設だろうと、結局、同じことは起きる。

介護施設であれば転倒しないようにバリアフリーになっているし、常にスタッフが見守ってくれるのでは、という指摘があるだろう。しかし後述するが、高齢者はバリアフリー空間でもよく転倒する。むしろ何もないバリアフリー空間のほうが転倒しやすいこともある。

そして、24時間スタッフはいるが、24時間あなたを見守ることは100%不可能だ。そのため、転倒や徘徊、問題行動は必ず起こってしまうのだ。

また、介護施設ではこのような転倒、徘徊、問題行動は日常的であるため、よほど大きなことでない限り、入居者の家族に安心してもらいたいため、過少に報告される。そのためなかなか可視化されないという事情がある。

しかしこれは、親族の立場からすれば、いわゆる「無知の幸せ」である。本当にそれでよいのだろうか？

確かに家族の介護負担は減るだろう。近所迷惑の心配もなくなった。それだけで介護施設に入る意味は大きいという考え方は理解できる。

介護施設に入居してしまえば、昔の優しく上品だったおばあちゃんのよい思い出だけを自分の子どもたちに残せると言った人がいる。

でもそれでは、4人に1人が高齢者である昨今、子どもに対する教育としては問題があるのではないか。食育などのさまざまなアプローチの教育が増えているなかで、老いを学ぶ「老育」はもっと社会全体で取り組むべきことだろう。

本人が入居を望んでいる場合は別だが、入居を迷っていたり、入居したくないと考えているときには、介護施設や老人ホームに安易に入らなくてすむ方法を社会全体で考えていくべきだ。

本人の意思に反して施設に入居させるということについては、同志社大学の倫理学教授である工藤和男先生は『いのちとすまいの倫理学』（晃洋書房）において「死ぬ義務はあるのか？」と問題提起している。

死ぬ義務とは、死期が迫った人が家族や社会への負担を配慮して、道徳的に死を決断すべきだという考えである。望まない人も追い込まれるのではないかという安楽死合法化の危険と同様に、この問題も議論されるべきだと指摘している。

老親を施設に入れず自宅で介護するための心得

多くの人が、できることなら介護施設なんかに入居したくないと考えている。

しかし「介護保険に関する世論調査」（内閣府）によると自分自身が介護を受けたい場所は、70歳以上が自宅44％、介護施設30％なのに対して、50歳代は自宅32％、介護施設は51％と年齢が若くなるにつれて自宅ではなく施設で介護を受けたいと考える人の割合が多くなっている。

自宅で介護を受けると家族や子どもに迷惑がかかるので、施設に入居したいと考える人の割合は、若い人ほど多くなっていく傾向がある。

確かに家族に迷惑をかけるくらいなら、施設に入居したほうが気楽であるという一面はある。特にオムツ交換などは、身内にしてもらうよりはまったくの他人のほうがよほど気楽だろう。

ただ、施設入居を検討する前にもう一度、入居する本人だけでなく家族もよく考えてほしい。お互いに気楽だということはよい一面にすぎない。

そして、介護を受けなければならない高齢者ご本人にわかっておいていただきたいことは、この先、何年続くかわからない状況下で施設に入らず自宅での介護を前提とした暮らしを続けることは苦労もあるが、介護してくれる家族や子どもたちにも、実は苦労しただけのメリットもあるということだ。

わかりやすいメリットのひとつはお金の面だ。以下のルールの範囲内であれば、介護施設に入らないことがメリットとして大きくなる。

そのルールは2つ。
・介護のために家族が仕事を辞めることは絶対に避ける。あくまでも仕事を続けながら、できる範囲での介護を行う。足りない部分は介護保険サービス等を受ければよいのだ。
・介護のための同居は避ける。単身かつ要介護5の寝たきりになっても、介護保険サービス等を受けながら、自宅での生活を継続させることは簡単ではないができるのだ。

どちらもそれでホントに大丈夫なのだろうか、と不安になる内容だが、これらは実際に実現することができるものだ。

もうひとつ、介護に際しての重要なポイントがある。それは、介護生活においては絶対に100点満点を目指してはいけないということだ。介護する側もされる側も、ほどよい距離感を保ちながら60点くらいを目標とし、実際は30点くらいでもお互いに我慢ができれば成功と考えてもよいというくらいでいいのだ。

では30点とはどのくらいか。親の介護は子が責任をもってすべきと考えているみなさんからすると、耐えられないほったらかしの状態だ。もちろん子育てと同じで本当にほったらかしにするのではなく、最低限のレールを敷いたうえで、本当のSOSはすぐに感知できる程度に距離をおけばよいのだ。

あくまでも消去法的な解決案だが、現実的な解決案でもあると考えている。いままでは家族で介護をする場合は、ほとんどが専業主婦に押しつけられていた。寝たきり介護になると、家族のなかで男性の多くは勤務を理由に睡眠できるが、女性介護者は24時間３６５日休みなしが５年10年と続くことになる。

日本はこの変化を見抜けず、子が親を世話するのは美風だ、とうそぶく政治家を長くいただいてきた。

『もし明日、親が倒れても仕事を辞めずにすむ方法』（ポプラ社）の著者である川内潤氏は、仕事ができる人ほど「介護敗戦」に突き進むと述べている。

こうした方々は介護に対して、真面目に前向きに、まさに仕事と同じように取り組んでしまうと指摘している。仕事ができる人ほど、これまでの成功体験を介護でも適用しようとしてしまう傾向があるという。しかし、仕事に向かうように介護に取り組んでしまうと、それは「敗戦」への直行ルートである。

その理由は、仕事に対しては目標を設定し、綿密なスケジュールを立て、自ら汗をかいて実行する。その目標は、ほとんどの場合は成功や成長という結果にリンクしているはずだが、介護は貢献が報われることのない撤退戦だ。

前進の期待があるからモチベーションを維持できるが、介護ではむしろあきらめなければならないことが多々起こる。昨日より今日、今日より明日の成長を目指す仕事のメソッドとは違う方法論が必要だ。

じりじりと悪化する状況を前提においたとき、もっとも必要なのは、その戦線を受け持つあなたが最後の瞬間まで戦い抜く体力と精神力を維持することだ。

そのために必要なことは、ひとりで何もかもやろうとせず、組織や社会の力を借りる。人に相談して悩みをわかってもらい、支援を受けることだ。ただ、肉親が相手だと冷静に判断実行するのは非常に難しいことになる。

介護にあたって必要な心構えは「現場の働き者」になるのではなく、プロジェクトマネージャーとしての「マネジメント」を常に意識することだ。

マネジメントの最大の目的は、いわば顧客であるお父さん、お母さんの幸せの達成だ。そのために必要なのは、介護プロジェクトのマネージャーであるあなたの心と体の健全さと収入を維持することだ。

ケアマネやヘルパーさんら介護のプロは、あなたのプロジェクトに参加してくれるプロフェッショナルのスタッフだ。介護が必要な人に対して、なんでもやってあげるのではなく、その人がまだ持っている力を引き出しながらの関わり方が重要で、自分でできることは自分でやってもらう。

その見極めができれば身体の衰えの進行が遅くなることが期待できるし、介護の作業量の伸びも緩やかになる。

そうしたプロの力を借りながら、介護プロジェクトを動かすマネージャーとしてある程度安定した介護体制をつくることを目指すべきである。

そして安定した介護体制をつくることこそが、仕事と介護の両立には最も重要なことである。

離職者が多い介護施設のウラ事情

介護で大事なことは、残っている身体機能を使いながら、失った部分に上手に手を貸すということなのだが、お年寄りのやることなすことすべてにダメ出しをしたり、命令的な口調で関わったりすると、お年寄りは居心地の悪さを感じ、やがて居心地のよいところを探すようになる。これが徘徊のもとになる場合があると言われている。

特に認知症の人は、快・不快に敏感と言われる。これは右脳が優位になっている人が多いことが理由らしいが、いま、楽しいかどうか、目の前にいる人がいい人かどうかも一瞬で見抜く直感力が鋭い。

ひとりの人間として尊重されず、軽く扱われたり、子ども扱いをされたら、誰もが不快な思いをするはずだ。認知症の人だから、そういった言い方、接し方をしてもわからないというのは大間違いで、むしろ認知症の人のほうがそういった不快な対応、不快な人間に対して敏感といえるのだろう。

認知症の人の徘徊は、あてもなくウロウロしているのではなく、自分らしく居心地のよいところを探しているのだ。

「問題行動の陰に問題介護あり」という言葉が介護業界にはある。

問題行動とは高齢者の徘徊や介護拒否、被害妄想、異食など、認知症が進行することによって生じる行動のことを言う。

この問題行動は介護次第と言われるほど、介護する相手との関わり方に大きな影響力があるのだ。いわゆる問題行動をする人に対して問題のある介護をすると、問題行動だらけになり、それを封じ込めるために薬が投与され、やがてお年寄りが問題行動さえもできなくなってしまうという現実が存在する。

大手の老人ホーム紹介業を営む小嶋勝利氏は著書『誰も書かなかった老人ホーム』（祥伝社新書）にて、どこの老人ホームでも複数の流派同士で権力争いが生じ

ている と指摘している。

権力争いとは大げさな表現だが、実際にウチの苑でも大ごとだった。まじめに介護に取り組んでいる多くの介護職員には、介護に対する思いや考え、こだわりがあり、その自分たちの「流派」で介護サービスを提供したいと考えている。こういった介護へのこだわりは、多くは介護業界に入って間もないころに師事した先輩の「流派」を引き継いでいるものだ。

現在の老人ホーム職員はほとんどが既存の介護事業所からの転職組なので、職員の数だけ「流派」が存在すると言ってもいいだろう。

女性が多い職場では必ず派閥があると思うが、この介護に対するこだわりの流派も必ず存在する。そして、その流派が違うもの同士が、介護現場では必ずと言っていいほど対立してしまうのだ。

具体的な例として、ウチの苑でもあったのだが、要介護5の寝たきりで、オムツ交換要望の意思表示はできない方の夜間のオムツ交換についての考え方だ。

「優等生型」タイプが夜間は睡眠の質を優先し、寝ている人のオムツは替えるべきではないと主張するのに対して、「職務優先型」タイプは夜間でもオムツが濡れている場合は不快であるのは間違いないので交換するべきだと唱える。

どちらが正しいのか、どちらが間違っているのかということではなく、このような流派の違いによる意見対立が生じる。

介護をする人によって同じ入居者に対するサービスが大きく違うことはよくないので、ここで施設長なり、介護リーダーが調整してどちらかに決めることになるのだが、その結果に反発して介護スタッフが辞めてしまうということが頻繁にある。

とにかくいまの介護ヘルパーは、すぐに辞める。新しい施設がドンドン増えているので、隣の芝は青く見えるようで、新しい施設への転職が延々と続いている。

介護業界の求人数は一般業種の３倍多く、気にいらないことがあったらすぐに辞めてしまえる就業環境なのだ。

そして、介護スタッフは給料が安いとよく言われているが、私がいる住宅業界のほうがいまでこそ改善傾向があるが、長時間残業や見込み残業はあたり前であり、時給にすると介護業界のほうが圧倒的に高給となる。

確かに介護という仕事は肉体労働が多いので、定時で終わらないと心身ともにもたないのは間違いないと思う。そんな状況が全国的に生じており、厚労省によると２０２５年に向けた介護人材にかかる需給推計として、２５３万人の介護人材が必要となるのに対して、２１５万人の確保しか見込めず、38万人が不足するとのこと。

そんな中で、外国人ヘルパーを積極的に採用しているという特養を見学したことがある。母国で多少の日本語と介護技術を学び、日本の介護福祉士国家資格を得て、介護人材不足を補うという目論見だ。

結論としては、繊細なコミュニケーションが必要な介護現場では、肉体労働業務の手伝いや、アタマ数あわせとしていないよりいてくれたほうがよいという程度の使い方にしかならざるを得ないという。そのため、介護ロボットと同じように、今後、普及の見込みはないという話であった。

問題介護をする人は施設にどれくらいいるのか

介護施設で働く人々、それも、介護の現場で実際に働く介護ヘルパーには５つのタイプがいる。

「上から目線型」…赤ちゃん言葉でお年寄りに話しかけ、命令的な口調で指示をする

「ダメダメ型」…お年寄りのやることなすことにダメ出しをする

「職務優先型」…食べ残しは悪であり、食事を完食してもらうことを絶対とする

「新人類型」…介護には興味がない。携帯ゲームし放題なので夜勤大好き

「優等生型」…自身が親の介護をした経験があるか、お年寄り好きの若い女性

介護現場でも、社会集団での「サシミの法則」通り、3割はよく働き、4割は普通で、残り3割の人があまり働かない。

働かないだけであればよいのだが、この残り3割はだいたいが「上から目線型」や「ダメダメ型」の問題介護をしがちな介護ヘルパー、またはその予備軍なのだ。「職務優先型」は一見、何も問題ないようだが、終末期が近づいているお年寄りは飲み込む力も弱ってくる。そんなときに心優しい「職務優先型」ヘルパーは、一口でも、一匙でもと使命感に燃えて涙ぐましい努力をする。その結果、のど元に物が溜まって、ゴロゴロと音がしてお年寄りが苦しむ状態になる。そうすると鼻から管を入れて、それを吸い取る吸引という荒業を施さなくてはならなくなる。これは終末期を迎えようとしている人を、二重に苦しめていることになるのだが、その感覚はこのタイプには少ないのが典型例だ。

本人が自力で食べられるように、調理は工夫して目の前に置くが、手を出さなければそのまま下げてしまう北欧式が欧米では主流だが、日本では三大介護のひとつである食事介助というと完食を理想とする人がなぜか多い。

「新人類型」は基本的に介護業務や介護知識における向上心は少なく、自分のペースで介護業務を淡々と行い、定時に帰宅する。利用者の方へ感情移入することはほとんどなく、コミュニケーションの取り方は下手で、介護はサービス業という自覚はまったくない。

この原稿を書いている目の前で、老人ホームで夜勤担当のヘルパーが、夜間徘徊をしている高齢者に格闘技のような肘打ちをして、暴行で逮捕されたというニュースが放映されている。

現場の衝撃的なカメラ記録も流されており、仮眠中2回も起こされて腹が立ったので、殴ったというコメントだ。たまたま防犯カメラに記録されたので、逮捕されてしまったが、この手の暴行まではいかなくても粗い介護は「新人類型」の大半は予備軍であり、氷山の一角だと思う。

夕食の介助は典型例で、日勤の「新人類型」は定時に帰りたいので、利用者のペースではなく、自分のペースで食事を進める。本来、夕食後はすぐに横になることがないようにしたいのだが、他のスタッフの目が届かないところでは、すぐに利用者を臥床させて後片付けを始めるのだ。

24時間365日、サービスが断続的に続く入居型の施設では、スタッフ自身の生活習慣をそのまま利用者に押しつけている例も多い。

確かに、認知症の高齢者と毎日対峙すると、心身ともに疲れるものだ。特に夜勤時の徘徊は、精神的かつ身体的負担が大きく、普段は温和な性格のスタッフでも粗い行動になることは想像に難くない。

ただし、「優等生型」は、そんなときでも優しく接してくれるすばらしい人たちだ。「優等生型」は身内の介護経験者か、お年寄り好きの若い女性が多い傾向がある。このタイプが全スタッフの約7割を占めていれば、よい介護施設となるが、実際は約3割程度いればいいほうだろう。

そして、なによりも精神的に安定し、立ち居振る舞いに余裕がある人が多い傾向がある。家庭等に問題がある人の介護はせっかちで余裕がないのだ。

ウチの苑でも大きな声では言えないが、入居者の自殺未遂と言える事件があった。

もちろん警察がきて刑事事件ではないことを立証してくれたが、社会的地位の高い仕事をされていたプライドが高い入居者へ、「上から目線型」で接する問題介護をするスタッフが夜勤担当であった早朝に事件は起きた。

確証は取れないので責任追及はしなかったが、そういう問題介護ヘルパーとその予備軍が全スタッフの約３割は現場にいる前提で運営しなければならないのが、いまの介護施設運営の実情だ。

そんな問題介護ヘルパーとその予備軍は面接段階で断りたいのだが、超求人難かつ人手不足の現場では、多少の問題の兆しがあっても人員基準を満たすアタマ数を揃えるためだけに採用しなければならない状況なのである。

そんなときに重宝されるのが、派遣会社の派遣ヘルパーだ。ウチの苑でも開設当初はアタマ数を揃えるために、延べ10人採用したことがある。派遣会社は数社に依頼したのだが、面白いように派遣ヘルパーたちは一様にクセのあるツワモノたちだった。詳述はしないが、初出勤の日から酒の匂いをプンプンさせる人、寝たきりの入居者の部屋で業務時間中に寝る人。初日からスタッフと大喧嘩をして帰宅してしまう人などなど、とても「楽しい人」たちだった。

それ以来、派遣ヘルパーは絶対に依頼しないことを心に誓ったものだ。優良と言われているサ高住や介護付有老では、派遣ヘルパーはいないとされている背景である。

ただ、ウチの苑で使いモノにならなかった派遣ヘルパーの面々が、次の職場として大手のサ高住や介護付有老でアタマ数を揃える必要に迫られてであろうが、働いていたのは事実だ。

介護ヘルパーは、勤務先によって施設に常駐するヘルパーと、在宅へ訪問するヘルパーに分かれる。

在宅へ訪問するヘルパーは訪問介護事業所に所属しており、そこから利用者の自宅へ訪問して介護サービスをする人たちだ。

介護サービスをしてよい場所は在宅が基本だが、施設であれば法的には在宅扱いのサ高住か住宅型有料老人ホームに限定される。

その他の施設内では、常駐するヘルパーしか介護サービスをすることはできない。

サ高住などの訪問介護サービスでは、基本的には1対1のサービスが義務付けられている。よほど大柄な人の介護などという理由があり、事前にケアマネに許可を得たうえでなければ、2人で介護をしたとしてもその分の割増報酬はもらえない。居室へ入って介護サービスをヘルパーが1人でするということは、密室での1対1の介護でありヘルパーの人柄や性格が大きくサービスの質を左右する。

問題介護をする人たちは介護施設ヘルパーだけでなく、在宅ヘルパーにも同じ割合で存在する。ただ、在宅ヘルパーは短時間のサービス（接触）なのに対して、施設ヘルパーは24時間365日サービス（接触）であり、施設ヘルパーには本来、高い人間性がないとクレームだらけになってしまう。

クレームがあまり表沙汰にならない背景は、高齢者ご本人にはお世話してもらっているという弱みがあり、家族には本当は自分がやらなくてはならない介護をお金と引き換えにやってもらっているという後ろめたさがあるからなのだ。

実際に施設から追い出されては困るという理由で、クレームを我慢しているケースも多い。

施設にもすばらしい介護者たちがいるのか

介護とは、介護する高齢者に教わりながら育つ技術だ。本当のケアは、ケアする側も成長する。

実際にこの言葉を象徴するようなすばらしい介護スタッフもいる。

彼らに共通するのは感性が鋭く、気配り名人だ。そして自立支援の本質を理解しており、残存能力を生かせるように、安易に介助せず、寄り添いながら見守る時間が長い。

ウチの苑にもいたので、彼らをリーダーに介護現場をまわしていた。

彼らが理想とする介護施設をつくることが、理想の介護施設づくりの最短コースだ。このようなすばらしい介護者や、そうなる資質のある介護スタッフはどこの事業所にも1人はいる、と思いたい。1人もいない事業所は私のまわりでも淘汰されている。

彼らの特徴は、自身が身内の介護経験者であり、現場が好きで、現場から離れて管理職になるという向上心は少ないというタイプが多い。

よほどそのあたりの事情を理解できる上司がいないと、彼らが現場雑務に忙殺されてしまい、彼らの「流派」を主流派にすることができなくなる。

そして繊細な彼らは、自己主張を控えがちなので、バーンアウト、つまり燃え尽きてしまうことが多い。

また、彼らの理想を阻む障害としてよくあるのは、運営会社や本部が現場に口出しをしてくることだ。彼らが微に入り細に入りさまざまなことを勘案してバランスを取って現場運営していたのに、部外者の横やりが入ると一気に崩れ、すばらしい介護者たちのモチベーションは消滅してしまうのだ。

こういった事情があるから、すばらしい介護者たちがたくさんいて、彼らが中心となって運営されているような優良介護施設はなかなか増えていかないのだ。

第３章

それでも知りたい、よい介護施設・老人ホームの見分け方

施設への入居を考えるとき まず、知ってほしいこと

本書は理想的な最期の居場所として、自宅をおすすめするものだが、条件が整わずそれが実現できない方も当然いるだろう。真剣に施設への入居を考えられるご本人、ご家族の方もいる。

そのような方たちのために、これまで介護の現場を経験してきた私の体験から、少しでもよい施設を選ぶための方法論をこの章では述べてみたい。

まず、施設への入居を考えるようになったときに、みなさんが最初に知っておいてほしいことを述べておきたい。

そもそも介護施設への入居には、それを決定づけるきっかけがないとなかなか踏

み切れないものだ。入居する本人が、介護施設に入居したいという積極的希望をもつケースは稀だ。

ほとんどのケースは、本人は入居を拒んでいるが、家族がいろいろと心配なので入居させたいというものだ。強引に入居してもらうわけにはいかないので、本人に納得してもらってから入居したいと家族はみな言うのだが、もともと頑固なお年寄りに、嫌がる入居を納得してもらうのはハードルがかなり高い。結局、本人の意思とは関係なく、なかば強引にお年寄りが入居させられるという現実がある。

ウチの苑でも積極的に入居された方はたった2名で、それ以外の方は本人が嫌がっているなかなんとか入居してもらったという状況だった。入居契約が終わって、家族が帰ってひとり置き去りにされたことがわかったときには、程度の差はあるが、みな家に帰りたがる。

玄関をドンドン叩き「開けろ！　家に帰る！」と叫ぶ人。人目のつかない裏口のカギを開けて、外に出ようとする人などなどだ。

そんな状況をいつも解決してくれたのがウチの「優等生型」スタッフである。

とにかく部屋で傾聴に徹して、利用者と介護職員という関係から、親と子のような疑似家族となるような関係づくりを意図せずに自然な流れでしてくれたのだ。もちろんすぐに帰宅願望はなくならないが、疑似家族のような関係性を築くことができると落ち着いた暮らしが始まるのだ。

一方、積極的な入居希望の例としては、ひとりは完全に自立された95歳の女性だった。ひとりでバスを乗り継いで見学に来られた。孫娘が離婚して子どもを連れて自宅へ戻ってきたので、自分の居場所を求めて入居したいとのこと。

ウチの苑での最高齢だが、いちばんしっかりと自立されていた。私が苑を去るときには、お礼がしたいので部屋に来てほしいと言われて訪室したところ、ただただ涙を流してくれた。

もうひとりは、たくさんの施設見学をしてきたが、やっと居心地がよい所を見つけたと言ってくれて見学当日に入居申込をしてすぐに入居された女性。その後、他の入居者からのイジメなどがあったが、「優等生型」スタッフのサポートもあり、楽しい日々を過ごしてくれている。

当然であるが、積極的入居はこのおふたりのようにかなりしっかりとした判断ができる人でないと不可能だ。そもそもしっかりとした判断ができないから、まわりの人間が入居させたいとなるので、ほぼ全員が強い帰宅願望を持つことは当然であるということだ。

認知症が進行している人は環境変化への対応力が弱いと言われており、施設への入居や病院への入退院などが続くと問題行動が多発すると言われている。

「問題行動」とは介護する側による上から目線の表現であり、認知症の本人にとっては、「落ち着ける居場所探し」をしているだけなのだ。問題行動を制限したいとなると薬が使われる例が多い。本人のためというお題目のもとに、介護施設内においては介護職員のために、薬が処方されてしまっている場合があるようだ。

もちろん、キレイごとだけでは済ませられないことが多いのだが、ウチの苑でも自分の部屋のなかだけでなく、廊下などで放尿をする人、弄便行為をする人がいた。便を弄ぶという言葉となっているが、本人は決して弄んでいるのではなく、便を認識できずに、自分で処理を試みている結果なのだ。

そんな場面に早朝から毎日遭遇するのが介護現場の最前線だ。こんなときにはけっして叱ってはいけないのだが、「上から目線型」や「ダメダメ型」や「新人類型」のスタッフは間違いなく怒って叱っている現状があることをあえて記述しておきたい。

どうしても介護施設に入れさせたいと考えてしまうタイミングとなるのは、衛生面と他害行為の許容範囲を超えたときだろう。おおよその目安としては、要介護3〜4の時期だ。

衛生上の限界は不潔行為や排泄失敗の状況が、家族の我慢の限界を超えたときである。

他害行為の限界は近隣住民に対する迷惑行為も含めて、こちらも家族の限界を超えたときに介護施設入居を急ぎたくなると思う。

しかしこのような事態になっても、この状況が長期間継続するとは限らず、一時的な症状の場合もあるので、ケアマネに相談して在宅生活をまだあきらめないでほしい。

私の義父は結局、介護施設などに3ヵ所入居したが、よい所にはたどり着けなかった。家は3回建てないとよい家づくりはできないと言われているが、介護施設の場合はもっと難しいということだ。

義父は義母の逝去後、活動範囲がめっきり狭くなり自宅に閉じこもりがちになった。見かねて子犬を飼ったあとは、毎日犬の散歩などで活動量が増えたが、ガン宣告を受け、延命のみを目的とした医療を受けないことだけでなく、治療も拒否する傾向が次第に顕著になった。

犬以外には興味をもたず、出不精を極めた。そして、義母と同じように、自宅を終の住処にしたいと本人と家族は考えていた。

しかし、酷暑の夏、脱水で入院した際に、認知症が一気に進んでしまった。病院に駆けつけた娘に「お前はだれや」と言い、父親が壊れていくと思ってしまった娘である妻は不安が大きくなり、自宅ではない「終の住処」探しを始めることとなったのだった。

安易に介護施設へ入居してはならないと何度も述べてきたのに、この当時の私は介護生活初心者であったため、私自身も施設への入居を進めてしまったのだ。

実際に義父を看取ったいまとなっては、この段階で多少無理をしてでも、自宅に住み続ける努力をするべきだったのだろうと悔いが残っている。この思いが、いまの私の活動を支えていると言ってもいいのだろう。

50件中2〜3件というよい施設をどう見分けるか

はたしてこの世の中に、よい介護施設などあるのだろうか。日頃から居心地のよい空間探訪が趣味のひとつであったこともあり、玄関にはお香が漂う入居金1000万円超の高級有料老人ホームを含め、三十数ヵ所の介護施設を私は見学した。

最近は、よい老人ホームの見分け方についての情報が週刊誌紙面を賑わしている。施設内が閑散としているとダメで、笑顔で入居者と話をしている施設がよいなどとあるが、そんな表面上のことでよい施設を見分けることは100%不可能である。

私が考えるよい施設の定義とは以下の3点をクリアしていることだ。

①　優しく寄り添う介護と自立支援の意味が理解できているスタッフが約7割を占

めること

② 施設長（現場責任者）に人柄のよさと責任感があること

③ 看取りができること。つまり最期まで責任を持って預かる意気込みがあること

①について補足すると、なんでもかんでもやってあげることは本人のためにならないということだ。手を貸すという行為は一見親切に見えるが、本人の残存機能を壊すことに手を貸すことに他ならない。キツイ言葉だが、「笑顔で首を絞めて殺す」ということだ。

自立している人には気をつかう。要重介護の人には体力をつかう。認知症の人には心をつかう。そんな気づかい、カラダづかい、心づかいができる能力や潜在能力のあるスタッフは、通常の施設でも3割程度は普通いるものだ。それが約7割を占めるようなすばらしい施設は、感覚的には数パーセントもない。つまり50件見学してもせいぜい2〜3件といったところだろう。

これを数回の見学で見分けることは100％不可能である。

ではどうすればよいか？

それは1ヵ月程度の体験入居をするしか方法はない。一度見学に行き、よさそうな施設だと思ったら施設長か現場責任者に看取りができるか否かを確認し、看取りの具体例について尋ねてほしい。この段階で担当者の人柄や死生観がおおよそわかってくる場合が多い。

そこで施設長や現場責任者の人柄に安心でき、信頼できると思ったら、次のステップとして体験入居の申込をしよう。施設長がよくても、実際の介護スタッフがいまひとつな施設は多く、そのあたりを見極めるための体験入居である。

表向きは体験入居不可としている施設でも、1ヵ月程度であれば受け入れてくれるところは少なくない。

最近は老人ホーム紹介業が多くなっているが、紹介先から紹介料をもらうビジネスモデルであり、よい施設の候補選びには使えるが、実際に入居する判断材料としては参考程度とすべきだ。

また口コミサイトは、はとんど役に立たない。主にその施設を辞めた人や関係者が書く内容は表層の一部を切り取った情報にすぎないし、介護は医療と違い客観的な価値基準がまだまだ確立されていないからだ。

　先が見えず何年その生活が続くかわからない介護施設の選定は、費用の安さももちろん重要である。しかし現実は、安価でよい施設など、まずあり得ないと考えたほうがよい。

「美談」があるか聞いてみる

よい施設として、最低限必要な条件のひとつが、食事の配慮がなされていることだ。料亭出身者が料理長をしている施設などもあったが、人間が食べるものと思えないようなドス黒い食料を提供している大手介護施設もあった。

ぜひ、見学は食事の時間を狙って行こう。見学に行く先々で、施設内において調理していることをウリにしているところが多かったが、その程度のウリ言葉しかネタがないのかと思えた。

湯煎のみで仕上がる調理済みの配食サービスを使った施設でも、本当に高齢者のことを考えている施設の食事は普通に美味しいものだ。

調理済みの配食業者も数社試食したことがあるが、私も毎日食べていたナリコマエンタープライズの食材は高齢者用の配食業者としてかなり美味しいし、工場の生産工程や配送システムの完成度も高かった。

安価な施設の代表例として、認知症認定が入居条件のグループホームがある。何ヵ所か訪れたが、1部屋の床面積7・43㎡（4・5帖）以上という国の施設基準通り、狭いのが特徴である。社員寮をリノベーションしたグループホームも散見され、居住環境としてはかなり劣悪と言えるところも多かった。

グループホームは9人が1ユニット定員と国が定めており、一般的にスタッフの見守りが手厚い施設と言われており、安価であればさらによいと、どこも満室の人気施設だ。

元社長さんが介護施設に入居するにあたり、スタッフがみな部下の社員を演じ、入居する部屋を社長室として迎えたというようなエピソードのある施設もある。

私が学生時代にアルバイトをしていた東京ディズニーランドでは、数々のこのような美談があるのはみなさんもご存じだと思う。演者としてのキャスト（介護者）

が、ゲスト（入居者）をもてなすという「介護はサービス業である」ということを徹底できている施設はごくわずかではあるが存在する。

このようなエピソードの有無を、見学時の案内者に求めてみてほしい。

こだわりのあるサービスをしている施設では、大小を問わなければ、そのようなエピソードは必ずあるものだ。そして美談は外部には出されずにスタッフ一同のモチベーションの原動力になるので、とてもよい施設にするためには美談づくりが欠かせない。

最高の職場のひとつだと私が感じた東京ディズニーランドまではいかなくても、美談が多い組織には自然とよい人たちが集まるものだ。

いま、いい施設でも、施設長の交代でまったく変わる

森のなかで静かに逝きたい……という私の勝手な理想もあり、義父は森の近くの田園地帯に佇む中庭のある平屋の介護付有料老人ホームに入居することになった。とにかく立地が最高だ。田んぼを抜けて清流沿いに歩くと、近くの神社へ出る約15分の散歩コースが私もお気に入りだった。

山並みの紅葉も綺麗で、週末は山頂からパラグライダーが飛んでくる「動」と「静」を実感でき、簡素ではあったが上質な居場所だった。

献身的な夫婦が施設長で、犬好きな義父のために犬の面会だけでなく、自分たちが飼っていた犬をセラピー犬として施設のなかで走り回らせてくれた。

朝霧で霞んだ田園に鹿が散歩している風景を部屋の窓から眺めることができ、敷

地内の家庭菜園で収穫した野菜が夕食に出る本当に理想の居場所であった。

いつ行っても認知症の進行したお婆さんの叫び声が響き渡ってはいたが、穏やかな外部空間が打ち消してくれて、違和感はまったくなかった。

しかし、その暮らしは突然失われた。

理想の施設長の異動だった。新しい施設長の方針で、犬は衛生上の問題があるとのことで、面会不可となった。異動の翌週に訪れると、いままでの清潔感がウソのように部屋が汚れていた。施設長が代わるだけで、こうも激変するのかととても悲しい気持ちになった。

看取りもできる終の住処だと本人だけでなく家族も考えていたが、突然、日々の楽しみが奪われただけでなく、杓子定規な言葉を並べるだけの笑顔のない施設長に不信感は募っていった。そのような事情もあり、私たちは新たな居場所探しを始めた。

数十件の介護施設を見学したあとに、結局は私が設計したサ高住へ入居した。

当時、私のサ高住は完成したばかりであり、基本サービスは決定していたが、よりよい新たなサービスの可能性を求めて、広範囲によい施設を探して、別の施設に義父は入居してもらいその施設のやり方を勉強させてもらうつもりであった。

一般的にサ高住を含めた高齢者の入居施設を決める決定要因として多いのは、キーパーソンである家族の家から近いことである。実際にどこの入居施設でも半径2〜3㎞圏内に家族の家がある入居者が多いと言われている。よほどの理由がない限り、スープの冷めない距離で親の面倒を見ることは当然だろう。

そのよほどの理由を期待して、近接の他県も含めて探したが、私たちの期待通りの施設は存在しなかった。

探したポイントは3点。

① 終の住処とできること

② お仕着せの暮らしのメニューではなく、義父の生活ペースと若干の希望が取り込めること

③　小型犬の面会

これらは特別わがままな要望だとは思えない至極普通の希望だと思ったが、３つ同時にはどこも叶えてもらえなかった。

もちろん、入居権利金を数百万円支払うような高級老人ホームは入居対象でなかったので、そちらであれば実現できたのかもしれないが、この程度の３つの希望を叶えるために数百万円の入居権利金を支払うことはまったく選択肢になかった。

義父はゆったりとしたマイペースな日々を約2年過ごしたが、当然のことながら体調悪化がやってきた。担当在宅医の指示により、検査入院したとたんにＡＤＬは急降下し、退院できなくなった。

この段階で検査入院すべきではなかったかもしれないとあとで考えたが、いまさらだった。

急性期病院で余命数ヵ月の宣告をされたが、本人の希望通り延命を目的とした積極的治療は行わないことから、療養型病院への転院勧告がなされた。

この段階でホスピス入居を希望したのだが、空きがないとのこと。やむを得ずに療養型病院へ入居した。急性期病院と比較するとゆったりとした時間が過ごせたが、居住環境が最悪であった。

急性期病院のテキパキとした看護師と比べると、のんびりオーラ全開の看護師が多かったのも気になった。

高級老人ホームと、安価な施設との違いはどこか

すばらしい介護ヘルパーは、世の中にはたくさんいる。ただし、見た目がすばらしい介護施設はあっても、「優等生型」ヘルパーが約7〜8割を超える中身がすばらしい介護施設は、探しても見つけることはできない。その現実は、わかっておいたほうがよいだろう。

お金を出して高級老人ホームに入れば、理想の居場所を見つけられると考えるかもしれない。しかし、高級老人ホームとそうでない低額老人ホームの差は、調達品や設備の質にもあるが、いちばんの違いはホームに配置されている介護職員の数だけである。

入居型の介護施設の定員はいちばん少ないグループホームで18人程度、定員が多

い特養や介護付有老では60〜100人、現在の最頻値は30人規模だ。

これだけの高齢者をサポートしていくための介護ヘルパーの数は、パートを含めて少ないところで定員の半分くらい、多いところで入居者定員とおおよそ同数で運営している。

つまり10〜50人程度の介護ヘルパーが、ひとつの施設で働いていることになる。人員配置基準は介護付有老で3対1と言われ、入居者3人に対して職員1人以上の割合となり、30人定員であれば10人以上の職員配置が義務付けられているということだ。

介護施設は人員配置基準ギリギリでは運営できないので、最低でも基準の約1割増しの人数で多くの施設は運営されている。

高級老人ホームは30人定員の場合、基準では10人の職員でよいところ、15人程度と約1・5倍程度の職員の多さでサービスの質を高めているイメージだ。

職員の数が多くなったらなったで、サシミの法則は同じように当てはまり、問題介護ヘルパーか予備軍は必ず3割程度いるのだ。その対策として大手では充実した人材教育制度があるし、2次、3次面接があるので、優等生型人材ばかりが採用できているとうたっている。

一時的にはその通りになることもあるだろうが、残念ながらあなたの入居している期間、ずっとその状況が継続されることを期待してはいけない。介護業界は人材流動性が高く、常に人員の入れ替わりが起こっている職場なのだ。

また、世の中が好況になると、介護ヘルパー資格取得のための専門学校では、まったく人が集まらなくなるという現実もある。つまり、不況下でしか介護人材の絶対数は増えないという問題もあり、すばらしい介護人材が今後、格段に増えていくことを期待することはできないだろう。

さらに言えば、それぞれの介護施設において、充実した教育制度が整ったとしても、結局、「ダメダメ型」や「上から目線型」の人たちを、「優等生型」の介護人材に変えることはほぼ不可能だという現実もある。

いま入っている施設から退去するか迷ったときの目安

現在、介護施設に入居中の人の場合についても考えてみよう。いま入っている施設に満足していて、特に気になる点もないということなら問題はないが、もし、このままこの施設に入っていていいのだろうか、ここよりいい施設があるのではないか、などと迷ったり悩んだりしているようなら、以下のポイントでその施設をもう一度見直してみてはいかがだろうか。

ポイントは1点だ。その施設に、ご本人や家族にとって自分のことを理解してくれ、本音で相談できるスタッフがいるのかどうかという点だ。ここが、とても大事なポイントになってくる。

ひとりでもそういった人がいれば、急いで退去しなくてもいいのかもしれない。

しかし、得てしてそういう人が異動や転職でいなくなるということは、よくある話なので安心はできない。

もし、本音で相談できるスタッフがひとりもいない状況であるなら、そのような施設からは、遠慮なく元気なうちに退去を目指すことをおすすめする。

では退去してどこに行くのか。より安くてよい施設を探すのか。

前述の通り、そんな施設は世の中に一時的に存在したとしても、あなたが暮らしている間ずっとよい施設であり続ける可能性は限りなくゼロで、どこも似たり寄ったりというのが現実なのだ。

となればやはり自宅しかない。自宅に居場所がある場合は戻ればいいだけだが、子や親族の同意と協力がなければ実現不可能だ。その親族の同意と協力を得るのが、現実問題として困難な場合が多い。

入居に至った理由はいろいろとあることを重々承知のうえであえて目安として断言するが、要介護3以上の方には退去を強くはおすすめしないが、要介護2以下の人は本人のためにも自宅で生活するべきだし、できるのだ。

要介護2以下の人で、退去したいと考えた場合にまず初めにやらなければならないことは、自宅エリア担当の親身になって悩みを聞いてくれるケアマネを探すことだ。

ケアマネは介護保険サービスを利用するための相談窓口であり、一人ひとりに異なる諸事情を考慮したうえで介護計画を作成してくれる専門家だ。

要介護認定を受ける場合は必ず担当ケアマネがいて、そのケアマネに相談すればよいのだが、介護施設のケアマネは在宅を担当することができないケースが多く、そのような場合は別のケアマネを探す必要がある。

最近問題になっているのが、一部の施設ケアマネは自分の施設の利益確保だけのために、利用者のサービスを決定しているということだ。

たとえばデイサービスにはレクリエーション充実型やリハビリ充実型などいろいろな特色があり、本来はリハビリ充実型に行ったほうがよい人に、そうではない自社のデイサービスへ行くように仕向けるということだ。

あまりにもこのようなことが横行しているため、ケアマネ講習が頻繁に行われ、中立性のある介護サービス計画を指導されるが、ケアマネが悪いわけではない。株式会社が多いケアマネの事業所では、わざわざ売上げを他の会社へ渡すようなことはしないし、医療法人などが運営するケアマネの事業所でも同一法人内でのサービスを優先させるような暗黙のノルマがあるようだ。

ここに盾突いたとしても、日本の会社組織である以上無理もないことで、ケアマネ制度上の欠陥以外の何物でもない。

国はケアマネが所属する居宅介護支援事業所だけでなく、訪問介護事業所、デイサービスなどで小規模なところを淘汰し、大規模事業所に集約していこうと誘導している。特にデイサービスは小規模なほど居心地がよいところが多かったのだが、そのような付加価値の評価をできる人の意見は埋もれてしまうのだろう。

要介護度が低くて、ある程度自立した暮らしができる人の場合、本来は自宅と施設を自由に行き来できるような仕組みが理想だ。２００６年に厚労省の肝いりでスタートした小規模多機能型居宅介護というサービスがそれにあたるのだが、あまりにも利用者側に都合がよいサービスなので、人出不足の昨今では経営が難しく株式会社はなかなか手が出せずに社会福祉法人傘下でかろうじてギリギリ運営できている状況で普及していない。

小規模多機能型居宅介護はデイサービスを中心に利用しながら、必要に応じて短期入居できるショートステイや訪問介護も利用でき、住み慣れた家や地域で暮らし続けられるようにサポートできる優れもののサービスであるので、自分の住む地域の小規模多機能型居宅介護を役所や地域包括センターで調べてみよう。

もし退去すると、入居の際に払った入居権利金はどうなるか

有料老人ホームに入居したとしても、実際に暮らしはじめてみたらイメージとまったく違ったり、入居後すぐに持病が悪化し、入院が必要になる場合もある。そうした事情で施設から退去したいとなった場合は、入居時に支払った高額な一時金はどうなるのだろうか？

老人ホームには入居時に支払う入居権利金というものが一般的に存在する。契約日から90日以内に老人ホームを退去するときには、入居一時金などの前払い金を全額返還してもらえるという短期解約特例制度、いわゆる老人ホームにおける「クーリングオフ」は平成24年に遅ればせながらできたばかりの制度だ。

それ以前は入居からたった1週間後の退去で数百万円を請求されるなど、トラブ

ルが多発していた。

施設によりパーセント等の諸条件は異なるが、一例を挙げる。

すでに支払済みの入居権利金が1000万円の場合、30%分の300万円は初期償却となるため入居と同時に償却済みなので、入居から1週間後の退去でも返却可能額は700万円となる。

退去は認めてくれるものの、300万円は返してもらえず、このような説明を聞いてもほとんどの人は意味がわからず納得できないだろう。

入居権利金の計算式に関しては、平均寿命を考慮した想定居住期間（入居からどのくらいの間住み続けるか）を設定したうえで、

（1ヵ月分の家賃等の額）×（想定居住期間：月数）＋（想定居住期間を超えて契約が継続する場合に備えて受領する額）

で計算することが基本とされている。

運営会社ごとにこの計算式の理屈は変わるのだが、入居時の年齢や性別、介護度、そして厚労省発表の簡易生命表などを使って、平均寿命を参考に設定されているようだ。

この入居権利金の考え方をたとえ理解できた人はいても、納得できる人はいないだろう。このように退去する人への返金についてのトラブルが多発したことから、入居権利金を一切取ってはいけない有料老人ホーム制度としてできたのが、サ高住制度である。

サ高住では一般賃貸契約と同じ敷金、礼金以外は、入居権利金等の名目で入居時に一切受け取ってはならないとされている。

そしてサ高住創設と時期を同じくして、有料老人ホームでも高額の入居権利金を納めて、月々の家賃を安価にするコースと、入居権利金を安価にする代わりに、月々の家賃を割高にする2つのコースが選択制となっている。

最期の2週間は自宅で過ごすという選択

自宅で介護生活を送ることはさまざまな理由で実現することが難しい人でも、もし、本当にそれを望んでいるのなら、せめて最期の2～3週間だけでも、自宅で過ごすことを検討してみてはどうだろうか。

本人も意識がもうろうとしている状況で、自宅へ連れて帰っても家族の負担が増えるだけで意味があるのだろうか。家族のエゴではないのか。そう考える人もいらっしゃるだろう。しかし、それは違う。

最期の2週間を自宅で過ごすことは、親族にいろいろと負担をかけることになるが、すべてを終えて振り返ってみると、ご本人のQODは最大となっているものだ。

病院や施設を離れ、住み慣れた家で、自分のペースで親族とともに過ごし、そして最期を迎えるということは、多くの人にとって質の高い最期と言っていいのではないだろうか。

ただ、自宅へ帰りたいと希望した人みなが帰れるほど、容態が落ち着いていないという場合も多い。

その場合でも在宅看取り推進派のケアマネであれば、いろいろな方法で解決してくれる可能性が高いのであきらめずに相談してほしい。

終末期の痛みや苦しみを除去することは、在宅診療医や訪問看護師にお願いできるので、それ以外のサポートを親族や介護保険サービス利用で分担するのだ。

あえてこのような場合は本人には、「自宅へ帰ろう」とだけ伝えたい。親族の間では不謹慎と言う人もいるだろうが、「お別れ会の準備期間」という意味の言葉を明るく表現した「お別れ会イブ」という儀式にするのもひとつの選択肢だと思う。

特に未成年がいる家庭には、ぜひとも「老育」や「死育」として積極的に取り組んでほしいと私は考えている。

第４章

最期まで暮らせる安心老後住宅のつくり方

よいケアマネと在宅医の見つけ方

さて、ここからは、自宅を終の住処にするための方法論について述べていく。自宅でＱＯＤの高い最期を迎えたいと考えたとき、まず、やるべきことは何だろうか。まず、最初にするべきことは、よいケアマネとよい在宅医を探すことだ。あえて言うが、ケアマネと在宅医は玉石混交であるうえ、一度依頼すると簡単には変更できない。

特に在宅医は地元医師会で横のつながりがあるため、相性が合わずに他の先生へ変更したいとなっても、医師同士の日ごろの関係上、断られるケースが実際に何度かあった。

24時間３６５日対応となる在宅医を目指す高い志をもった先生たちには、基本的に悪い人はいない。ただし、自宅へ何度も訪問してもらったりすることになるので、相性が合わない先生だと、診てもらう本人だけでなく、家族がつらい思いをすることになる。

信頼感をもってお任せすることができ、言いづらいことも相談できるような、相性の合う医師が適任だ。

また、ケアマネには在宅看取り積極派と消極派が存在するので、積極派の人を探すことを最優先にしたい。

まず、ケアマネの探し方は、面談して「自宅で最期を迎えさせてあげたい」という要望を伝えてみることだ。それに対して、リスクを説明したうえで最終的に前向きに動いてくれる人であれば、在宅看取り積極派であり安心だ。

一方で、よい在宅医が近所にいないだとか、近所では在宅看取りの環境が整っていないなどといった第三者的な要因で、遠回しに看取りをしないほうがよいと言うのが消極派ケアマネの常套手段だ。このようなことを言うケアマネなら、別の人を探したほうがいい。

国が「病院」から「在宅」へと誘導していることもあり、在宅看取りを否定するケアマネは基本的に存在しない。ただ、看取り経験が少ないケアマネを中心に、総論賛成、各論反対の消極派が多いのが現状だ。

さらに、ケアマネの営業担当エリアはかなり狭く、営業エリア外は受けてくれないことが多いことも注意が必要である。ケアマネ選びが実は最大の難関であり、そのあたりに詳しい知人の紹介が理想だが、なかなか難しいのでまずは地域包括センターでその旨を伝えて紹介してもらうことから始めよう。

ケアマネは介護プロジェクトの統括責任者という重要な専門家ではあるが、単に3K、かつ早出や夜勤のある介護現場から離れたいだけで、現場のヘルパーからケアマネになっている人も少なくない。その意味では、本当に親身になって要介護者のために何ができるかを考えてくれる人から、単なる「介護現場よりも楽な仕事」としてしかケアマネをとらえていない人までピンキリだ。

介護の世界では民間資格のケアマネが最上位資格で、国家資格の介護福祉士より序列が上という暗黙の認識がある。本来は対等な立場でワンチームであるべきところだが、実情は異なるのだ。

介護計画実施にあたっては、すべてのサービス提供者が一堂に集まるサービス担当者会議を行うのだが、その会議はケアマネが招集して進行することが基本だ。

その序列のなかで暗黙に最下位に位置づけられている福祉用具レンタル会社の営業マンは、ケアマネに気に入ってもらわないと自社の商品やサービスを採用してもらえないので、ケアマネ詣でが仕事になっている。そのため、女王様のようなケアマネも少なからず出現してきている。

ケアマネは40名以上の利用者を担当すると、ケアマネ報酬が減額されるので、民間企業が多いケアマネ事業所の運営者側としては、介護報酬が減額されないギリギリのところでケアマネを増やすしか売上げを伸ばすことはできない。

仕事量（＝売上げ）の上限が国に決められているのだ。これは、1人当たりの介護計画の質を担保するという大義名分によるが、実際は制度設計のミスである。さまざまな不具合が多いケアマネ制度だが、有資格者の80％以上が女性で、40歳以上が70％を占めている。

最低2人のケアマネには会って、在宅看取り積極派か否かを確認してほしい。そして、人柄を含めて相性が合う在宅看取り積極派のケアマネと巡り合えたら、第一段階クリアだ。

次に、在宅医の探し方だが、医師についてはケアマネから紹介してもらうことがベストである。

在宅医もネットで情報収集したうえで、実際に会って人柄を確認すべきという情報も巷に溢れているが、それでは必ず失敗する。

町の診療所は、患者が混んでいるところがよい医者と考えるのが一般的であるが、在宅医はむしろ正反対のケースがある。つまり、日中は閑散としているが、とても献身的な在宅医であったケースも実際にあり、この判断はとても困難であるからぜひともケアマネの紹介に頼るべきである。

在宅医療に精通した長尾和宏先生も、金儲けが目当ての在宅医と、利用者に献身的な在宅医に二極化していると言っている。形式的に耳あたりがいいことだけを並べる在宅医には要注意。厳しくても、現実的なことを言う医師のほうを信用すべきだと指摘している。

私が体験したことだが、義父の看取りのときに本当にお願いしたかった医師は、義母を看取ってくれた在宅医だったが、その医師は自宅であれば看取りをしてくれたのだが、サ高住を含めて施設の場合は看取りをしてくれないとのことだった。

これは、施設では最低限の見守りがあるため、在宅医として責任をもって看取りが可能な少ない人数枠に入れることができないという理由だ。

とても残念だったが、独居や老々介護のお年寄りの看取りを優先するということは当然のことだと思うので、納得せざるを得なかった。

サ高住や施設に往診に来てくれる医師側にも、1ヵ所の施設で10人以上の患者さんを担当してしまうと、診療報酬を減らされてしまうという制度がある。

老人ホームやサ高住が乱立したことによって最近できた制度で、基本的には1ヵ所の施設につき9人までしか診てくれない。そのため、ウチの苑では数人の在宅医にお願いせざるを得なかった。

その結果、たくさんの在宅医の先生方を観察させていただく機会を得ることになった。薬の処方の仕方も、先生によって考え方はいろいろだ。患者さんのことだけを考え、施設側のことは一切無視して進める先生と、患者さんと施設側の両方の要望を叶えてくれる先生がいた。

在宅医を掲げて、自宅での看取りを積極的に行っているという先生でも、実際に看取り期になって、いつでも携帯に電話してきてくださいと口では言っても、夜間に電話をかけると出てくれない先生もいる。そうかと思えば、24時間365日電話対応をきっちりとしてくれる先生もいた。

ケアマネと在宅医が決まれば、あとは指示された通りにしていればよいだけである。この段階では大切な人との時間も短くなってきているので、可能な限りの時間を使って寄り添ってあげたい。

自宅での転倒を避けるための お金のかからないもっとも簡単な方法

65歳以上の高齢者にとって、住宅内における転倒事故発生場所はどこがいちばん多いかご存じだろうか。

普通は段差が多い階段と考えると思う。しかし実は、階段よりも居室内での転倒事故が2倍も多く、高齢になるほど居室でケガをする割合が高くなるというデータがある（国民生活センター）。

これは滞在時間の長さが要因のひとつではあるが、加齢に伴う身体機能低下によって、まずは段差のある場所、そして次第に段差のない居室でも、転倒しやすくなるという傾向があることを示している。

加齢とともに、住宅内で気をつけなければならない場所が広範囲に変わってくるということなのだ。

年を取ると自宅内での事故発生場所が変わる前提で、老後に備えて完璧な新築計画や改築計画をすることは可能だが、お金に余裕のある人以外には費用対効果としてはおすすめできない。ではどうすればいいのか。

転倒⇒骨折⇒入院はＡＤＬ急降下の既定路線で、高齢者の場合はほぼ確実に認知症を発症したり重度化したりする。とにかく転倒、骨折、入院は避けたいのだ。まずは多少の段差でも転倒しないように、日頃から足腰を鍛えておくことはそのような意味において重要だ。そして、転倒と骨折を避ける備えとして、自宅に日常の生活動線上に切れ目なく手すりが張り巡らされていることが理想だ。

そんなこと不可能ではないかと思われるかもしれないが、多少、お金はかかるが意外と簡単に実現できてしまう。

費用の目安としては手すり１ｍ当たり５０００円だ。長さに比例して割安になるので、１階の和室を寝室としている一般的な延床面積35坪程度のお宅の場合、ＬＤＫ、寝室、洗面、浴室、トイレを手すりで繋ぐと約15万～20万円が目安だろう。これを後述の介護保険で改修すると1・5万～2万円程度（1割負担の方）の自己負担で実現できる。

扉などで手すりが不連続な場所もでてくるが、上下に可動する手すりを使うなどの解決方法がある。【イフストA】

さらに足元が不安定になってきた時期には次なるステップとして平行棒のような両側手すりが転倒防止には理想形で、しかもタダで実現できる方法は手すりのある壁と反対側には室内のいたるところに手すりとなり得る安定性の高い家具を点在させることだ。そう、バリアー（障害）だらけの家だ。

具体的には日中いつもいるソファやいすから、トイレや洗面などへの動線上に安定感のある家具を点在させて家具を手すりとして壁側の手すりと合わせて両側手すり部を可能な限り広範囲にするのだ。このような計画が必要な頃には要介護認定されているケースが多いと思うので、介護保険でいろいろな手すりの商品群がレンタルできる。

[イラストA]部屋への出入り時のみ手すりを上下に可動させてドアの開閉ができる商品群

そして、普段は専門家しか見ることのない福祉用具の商品カタログ集を見れば、家じゅういたるところに手すりの設置が可能な商品群があることがわかる。たとえば、［イラストB］のように、広いリビングや壁のないところでも天井と床で支持して手すりを設置することができるのだ。このような後づけ可能な手すり群でも介護保険レンタルであれば月額数千円程度（1割負担の方）で設置できる。

このあたりは、福祉と住環境の両方の知識を持つ福祉住環境コーディネーターの有資格者が相談窓口となる。福祉住環境コーディネーター資格は福祉用具販売＆レンタル会社の多くのスタッフが所持しており、介護保険改修を積極的に行っている彼らに相談するのが解決への近道だ。そして介護保険レンタルは使用限度があるが、足りない部分は自費レンタルや購入できる彼らに依頼すればよいのだ。

ちなみに私が所持している福祉住環境コーディネーター1級は全国に1000人程度しかいないとされ、この分野の層の薄さを表していると思う。

薬を6錠以上飲んでいる人は、薬による有害作用を発生しやすく、転倒しやすいという論文もあると聞く。これは医療者でなければコントロールできないが、介護

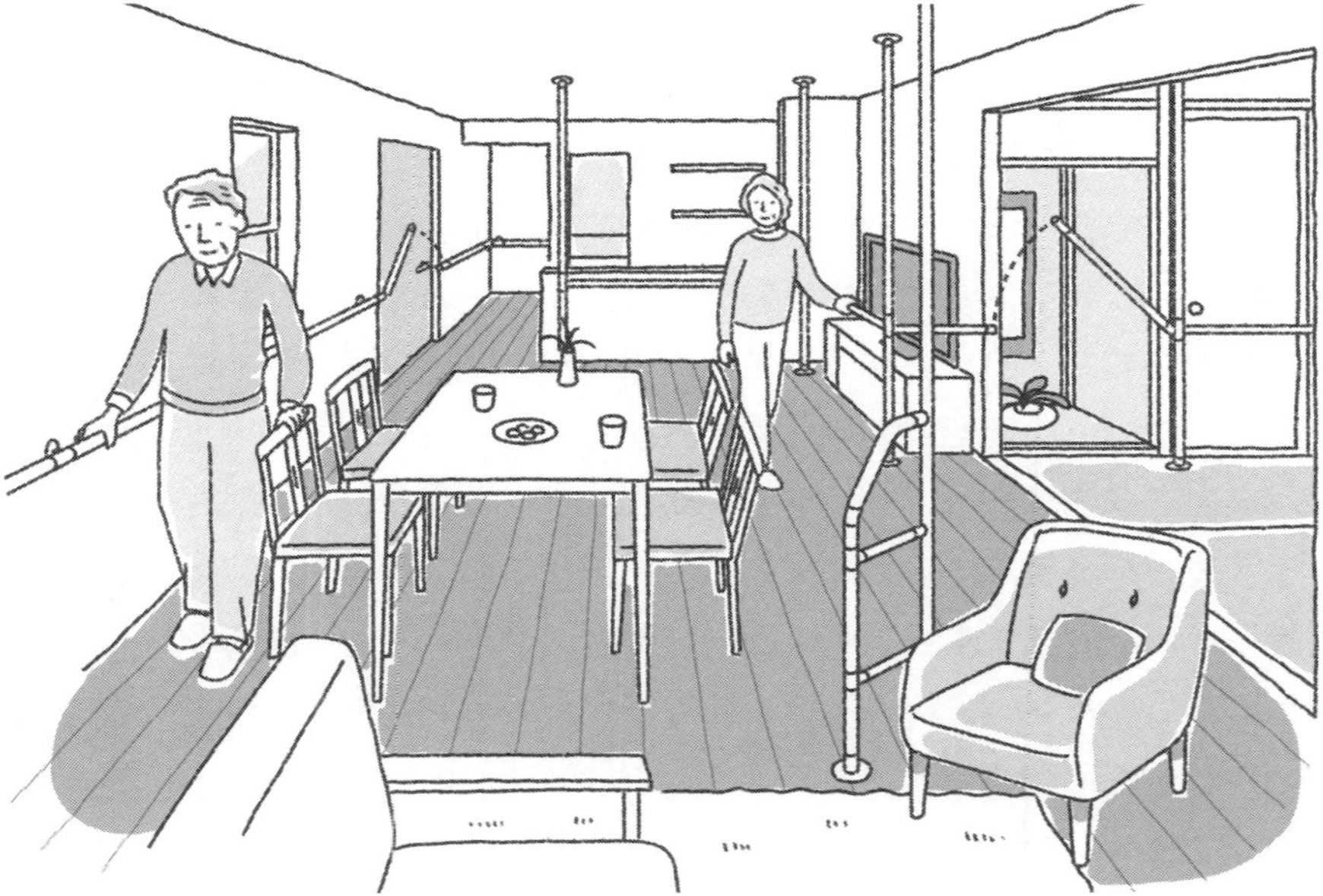

[イラストB]床と天井で支持することで自由自在な形状に配置できる後付け可能な手すり

者側としては薬を多く飲んでいる人は、さらに細心の配慮が必要となる。

だが、どれだけ注意をしたとしても転倒して骨折してしまうことはあり得る。その場合でも、入院しないという選択肢もあるのだ。高齢者は骨折くらいでの入院は極力避けるべきだと言う医師がいる。

それほどまでに高齢者が入院してしまうと、ＡＤＬの急降下だけでなく、ＱＯＬも同時に急降下することは肝に銘じておきたい。

最期まで暮らせる戸建ての改修
「トイレ」と「転倒対策」

約30年前、私は高齢者住宅建築のトッププランナーであった積水ハウスにおいて、「生涯住宅」といわれる、将来、車いす生活になることを前提としたバリアフリー度の高い住宅商品企画をしていた。

子どもが増え、そして独立し、老親と同居するというライフステージの変化に対応した可変性のある住宅の延長線上に終の住処を位置づけていた。

当時の積水ハウス購入者のボリュームゾーンは40代後半で1000万～2000万円程度の頭金で4000万～5000万円クラスの住宅購入者であった。

かなり上流層と思われるだろうが、当時はいまと違ってローコスト住宅は少なく、マイホームという夢の実現のために日々の生活を犠牲にして貯金する人がかなり多かった。

その人たちは新築計画において、定年後や老後に備えての要望を言う人が多かったが、最近は新築住宅の購入者層が相対的に若年化していることもあり、老後に備えた計画の優先順位は大きく下がってしまっている。実際、老後の要望はほぼないという実感がある。

現在、このような老後を考慮した将来設計がなされている住宅は世の中には少なくなっていて、高齢者への配慮がまったくなされていない住宅が圧倒的多数である。しかし、このような住宅でも「終の住処」にお手軽に改築することはできる。

最重要ポイントは排泄と転倒の対策だ。

俗に三大介護と言われる、食事介助、入浴介助、排泄介助のうち最期まで自力で何としても行いたいのが排泄だ。

つまり、トイレは人さまの介助を受けずに行けるようにしたい。たとえ床を這ってでも、と私自身も思う。そのために必要な住まいの設えとは何か？

足腰が衰えたときや車いす生活になったとき、狭い廊下に面したトイレの開き戸を開けて用を足すことは実は重作業である。そもそものような状態になった場合は、トイレへ辿り着くまでがひと苦労というケースに何度も直面したことがある。運よくトイレが引き戸であったとしても、室内用車いすの最小巾60㎝ギリギリの寸法である家が大半である。

介護保険を利用した住宅改修という選択肢がある。これは改修内容が以下のように定められており、20万円分の工事が1～3割の自己負担でできるという制度だ。

①手すりの取付け
②段差の解消
③床・通路面の材料変更
④扉の取替え
⑤便器の取替え
⑥その他関連して必要な工事

これらすべてを行うのは介護保険予算内では無理なので、それぞれの住宅において効果的に選択する必要があるが、トイレにかかわる以外の部分も可能であればやっておきたい重要な改修内容だ。

改修工事を予算別に松竹梅の3コースとすると、もっとも安くて早くて楽な「梅」コースとしては、トイレのドアのネジを外して撤去してしまうことだろう。

そう、開けっ放しのトイレである。本書を読み進めてきて騙されたと思われるかもしれないが、「安くて早くて楽」であることは老後生活における重要な価値観のひとつである。ドライバー1本あれば取り外しは可能なので、取り外して収納へしまってしまえばタダで解決できるのだ。

介護保険改修ではトイレの開き戸を引き戸にする工事も多いが、引き戸にする場合は廊下の有効幅を狭めてしまうことが多いので、ドア撤去がおすすめなのだ。ドア撤去により、有効巾の拡大と、意外と多い「間に合わずに失敗」対策が実現できるのだ。

まだ元気な家族が同居している場合の来客時対応は、見られたくない人が下げるだけで視線を遮断できるロールスクリーンを設置すればよく、扉が必要になった場合はビス止めなので簡単に取り付け直しは可能だ。

「竹」コースとしては、トイレまでの動線を短くするために、寝室に必ずある押入れやクローゼットにトイレを追加設置する方法だ。このような計画をする際には、寝室が1階になっていることが多いと思うので、床下に潜って給排水管を延長設置すれば実現可能だ。寝室が2階にあっても多少割高とはなるが、トイレの追加設置は可能だが、2階寝室にトイレをつけるくらいなら、階段を使わない生活ができるように寝室を1階にすべきだろう。1階の押入れにトイレを設置する工事は、配管距離等によって幅はあるが最低30万円程度が目安だろう。

「松」コースとしては、たとえば、TOTO商品の「押入れトイレルーム」という壁や床をお掃除楽々仕様にした改修パック商品があり、ここまで充実させると最低60万円程度はかかってくると思う。

ここまではおおよそ要介護3までの方が対象だが、さらに要介護度が高くなった方のため、介護の視点を優先させると、ベッドの横に可動式のポータブルトイレを置くことが簡単かつ有効であることは間違いないが、最近は使用後の処理が簡単で見た目が普通のいすそのもの、家具調ポータブルトイレがあるので、このような場合は活用したい。そして最終的にはベッドサイドに水洗トイレを設置する例もあるようだが、精神衛生的にもこれはやりすぎだと思う。

とにかくトイレが物理的に近いことが、ご本人の気持ちに余裕を持たせることにもなるので、「どこでもトイレ」が理想形だ。

次に転倒について考える。日常の生活動線はすべて手すりで連続させてつなぐことは、実際に転倒することが多かった入居者さんの居室での有効性を何度も実証している。どうしてもつなげられない所は先述の裏ワザがあるのだ。

それ以外にも安定感のある家具や福祉用具カタログの商品群を有効に使って、とにかく家中の動線は手すりだらけにすると同時に、段差についてもそのカタログに掲載されている小さな段差解消商品などで解決していくことが「安早楽」だ。

介護保険レンタルで1割負担の方であれば玄関回りの段差に有効な大きめなスロープで月1000円、敷居などの小さな段差解消材は月50円～といった程度だ。さらに安定性の高い歩行器も月400円でレンタルして転倒のリスクを減らしたい。とにかく排泄と転倒を解決できるキャッチコピーは「どこでもトイレ&どこでも手すり」ということだ。

住宅の性能を客観評価できる住宅性能表示制度において耐震性能や断熱性能だけでなく、高齢者配慮対策性能という項目がある。

等級1～5の性能評価では「移動時の安全性に配慮した処置」の程度と「介助の安全性に配慮した処置」の程度を組み合わせて判断する。

最近は耐震や断熱性能は最高等級がどこの住宅会社でも標準仕様となっているが、高齢者配慮対策等級はまだまだ低い住宅が大半だ。

住宅にバリアフリーという概念がなかった昭和の時代、バリアフリー住宅の先駆者であった積水ハウスでさえ、和室と洋室との間にはタタミの厚み分の4㎝程度の段差アリが標準仕様で、その性能を評価すると建築基準法で定められている最低基準の等級1なのだ。

住宅に限らず建築物全般において、21世紀に入ってからの断熱性能の向上が著しい。地球温暖化を背景とした国の施策に追従するかたちで、サッシを中心とした技術革新が進んだことが大きな要因だ。

一方、高齢者配慮対策性能は30年前からほぼ向上していない。介護ロボットなど要介護者の領域には技術革新が散見されるが、要介護になる前のフレイル段階に対応した技術については目覚ましい進歩がほとんどないからだ。

そして建築の専門家は、性能向上の対策として、手すりと段差解消と有効スペース確保しか建築的には打つ手がないと考えがちで、それでは研究領域が浅すぎるということで、この分野が着目されないという事情もある。

高齢者配慮対策性能の向上は、建築（特に住宅）と福祉の専門家がワンチームとなることでしか永遠に実現できないものだ。だからこそ私は、今後この分野に注力していきたいと考えている。

最期まで暮らせるマンションの改修

国民の1割は住んでいると言われているマンションは全国に670万戸あり、その3分の1は築30年以上だそうだ。このマンションを終の住処とする改修はどのようなものだろうか。

マンションはもともと戸建てに比べてバリアフリーとなっており、スケルトンリノベーションといって外周部のコンクリート躯体だけを残して、内側をすべて撤去するリノベーション工事は意外と簡単にできる。

おおよそ工期が2ヵ月ほどかかり、その間の仮住まいと坪35万円程度の工事費がかかるが、スケルトンリノベーションをすれば自由自在な終の住処の計画が可能となる。

もちろんそこまでしなくても、最低限のリノベーション工事をすることで終の住処にすることはできる。改修すべき内容、優先度は戸建てリノベーションの場合と基本的には同じだ。

戸建て改修とは異なり、建物の構造上、改修してはいけない壁の配置が事前に把握できるマンションの改修では、建築的な諸事情で工期延長しなければならなくなるような不確定要素が少ない。そこをビジネスチャンスととらえ、都市部のマンション改修に特化して急成長している会社があるが、そのような会社では残念ながら満足度の高い終の住処づくりはできないと思ってもらいたい。

終の住処づくりは施主側としては「安早楽」が理想だが、業者側としては時間と手間がとてもかかる業務となるので、業務効率最優先の会社ではとても対応しきれないものだ。

住宅業界での生産性向上は、それを目指して産声を上げた大手ハウスメーカーが60年かかっても成し遂げられていない。

業界で唯一、事業効率がよいとされるマンション改修においては施主様とじっくり終の住処づくりをしましょう、と対応してくれる業者を見つけるのはまず不可能と思ったほうがいいので、消去法的となるが先述の福祉用具の会社にまずは声をかけたい。

ただし、福祉用具の会社ではスケルトンリフォームのような大規模改修は苦手で実績がないことが多いので、その場合は介護計画の監修だけを依頼するほうが現実的だろう。

コロナ以前の住宅業界は、大量販売を前提とした回転率至上主義の会社が圧倒的に強かった。アフターコロナの時代はつくり手側もペースを落とし、本気でQOL向上をみなで考えたい。

住まいのリノベーションは百人百様の答えがある。ある人にとっては100点満点の内容であっても、別の人には0点となるのはよくある話だ。居住性能、デザイン、使い勝手など、人によって求めるものはまったく異なる。

その意味では、実は住まいのリノベーション設計は、新築設計よりも難易度が高い。外壁や水回りを交換するなどの表面上だけを変えるリフォームは誰でも簡単にできるが、付加価値をつける本質的なリノベーションは、慣れた人でなければ依頼主の満足を得ることができない。

日本全国それぞれの地域に、数は少ないがリノベーションに慣れた業者もいるはずだ。しかし、ケアマネ選びと同じようにその業者を見つけることが最難関なのだ。

リフォーム業者はケアマネ以上に玉石混交だ。いまだに法律ギリギリの悪徳業者予備軍も多い。悪徳業者に誰もなりたいわけではないのだが、専門知識が深くなくても手軽に開設できるリフォーム業は競争過多で営業ノルマが厳しく、悪徳に近づかざるを得なくなるという側面もある。

よいリフォーム業者を紹介してくれるWEBサイトはあるが、そんな業者のなかでも終の住処づくりをしたいと要望を伝えると、単に手すりをつける表面上の介護リフォームととらえる業者が多い。

その人らしさを考慮したリノベーション計画をつくることが大切なのだ。それによって、上質な居心地のよい空間ができ、暮らしの質（QOL）が向上し、最終的にはQODを高めることができる。

最期まで暮らせる住宅
「新築編」

おひとりさま、夫婦ふたり、なかなか結婚しない息子やバツイチ娘との同居。

これらは、終の住処を新築するきっかけとなるライフステージの代表例だ。終の住処、〝ホッとする家〟のコンセプトは「安快単感」、つまり、安価で快適でシンプルで五感を刺激してくれる設えがあることだと私は考えている。

「最期を迎えることができる自宅」とするためには、まず、小さくコンパクトな住まいにすることが大切だ。階段を使わずに寝室、居間、水回りがワンフロアにあり、そこで1日の生活が完結できる平屋が理想である。

あとは、子どもや孫などの訪問に備えた客間が1つあれば、快適な老後の暮らしは実現できるだろう。

実際にいま、住宅業界では平屋がトレンドだ。ただし、都市部での平屋は一部のお金持ちにしか届かない超贅沢品だ。しかし、地方都市なら平屋を終の住処とすることが可能な人も多いだろう。

車いす生活になっても安心なように一般住宅の大半が採用している尺モジュールと言われる柱の芯々間91㎝ではなく、１ｍのメーターモジュールとすれば、廊下幅や出入口ドア幅を通常より９㎝広くできる。間取りはシンプルに居間から寝室や水回りに直接入ることができるようにする。

一例を挙げると、［イフストC］のような広さ30坪の間取りだ。このような設計が実現できると、最高の終の住処となるだろう。この計画であれば高齢者配慮対策等級５と最高レベルの性能評価となる。

〝ホッとする家〟①…

大地に溶けてしまいそうな低い軒先から、なだらかに生え上がる草屋根の外観。草屋根は自然回帰の象徴で断熱効果も抜群だ。ただし、後述の松コースのグレード

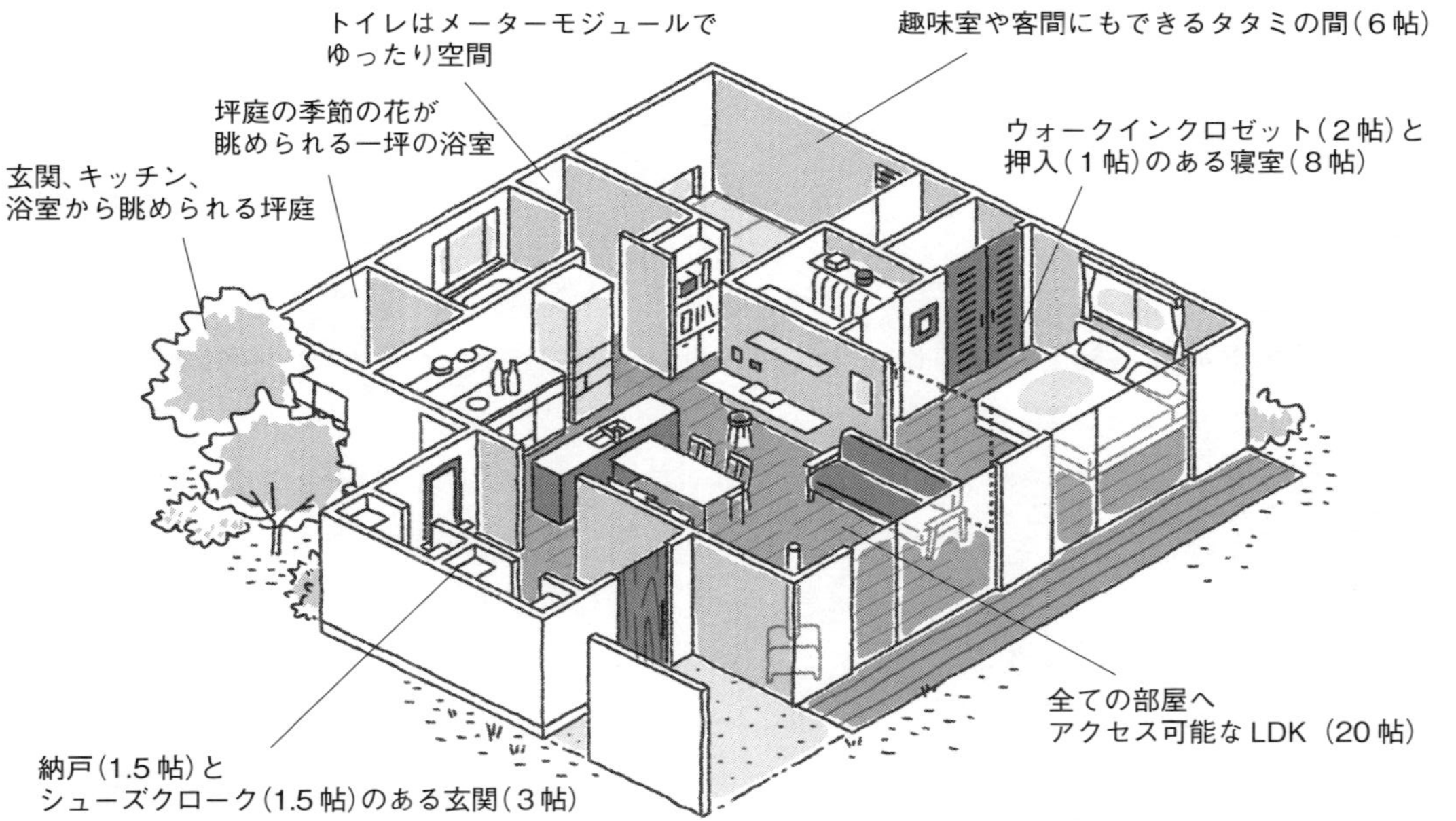

[イラストC]廊下をつくらなければコンパクトな間取りでも豊かで上質な空間計画は可能だ

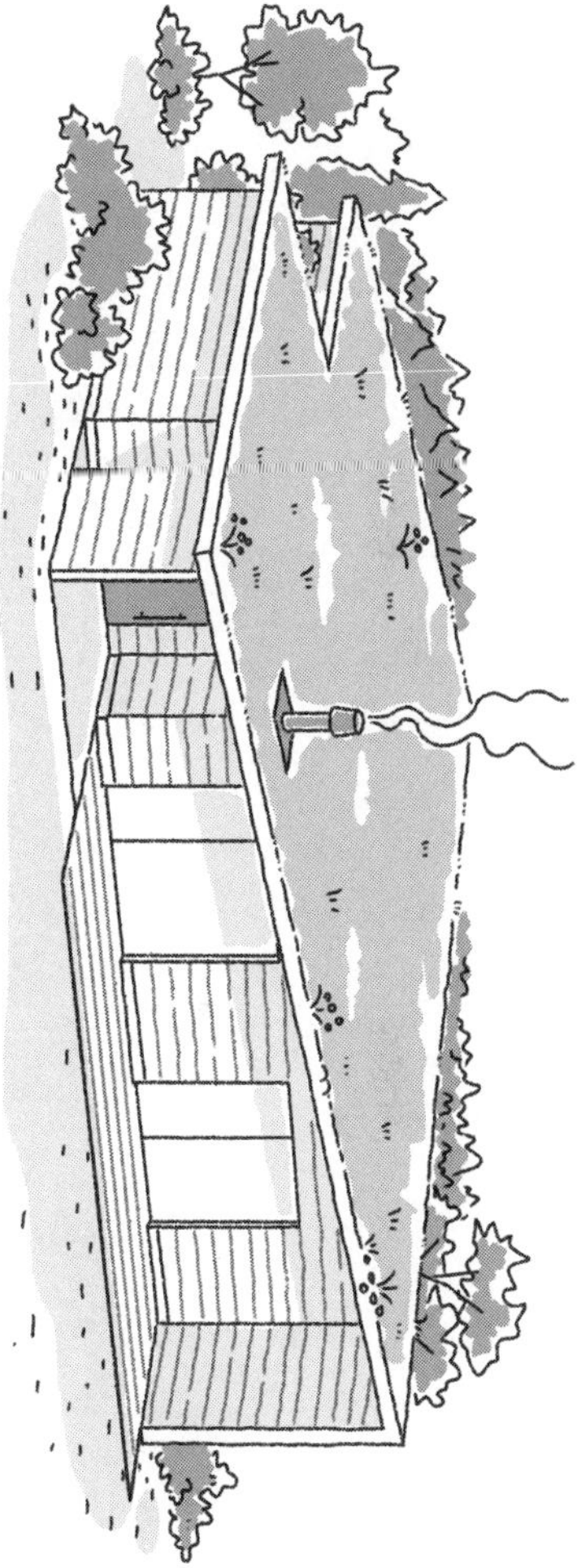

[イラストD]宮崎駿の映画に出てきそうな自然と一体化した外観は経年劣化が美しい

だ。［イラストD］

〝ホッとする家〟②…

昔ながらの古民家では定番の、柔らかな踏み心地の三和土《たたき》の玄関に入ると京老舗のお香が焚かれ、一輪の野花が生けられている飾り棚越しに坪庭を眺めることができる。［イラストE］

〝ホッとする家〟③…

来客時以外は寝室の引き戸を全開にでき、ホールから居間へ入ると広々とした開放感でホッと一息。ポイントは将来的に手すりを自由自在に天井と床で固定できるようにしておきたいので、吹抜けや勾配天井としないことだ。

あとは、ベッドに寝ながらテレビを見たり、薪ストーブの炎を眺めたりしながらホッとしよう。［イラストF］

[イラストE]柔らかな踏み心地が気持ちいい三和土土間の玄関は3帖ほどだが、絵のように切り取られた窓から坪庭へ視線が抜けて開放感がある

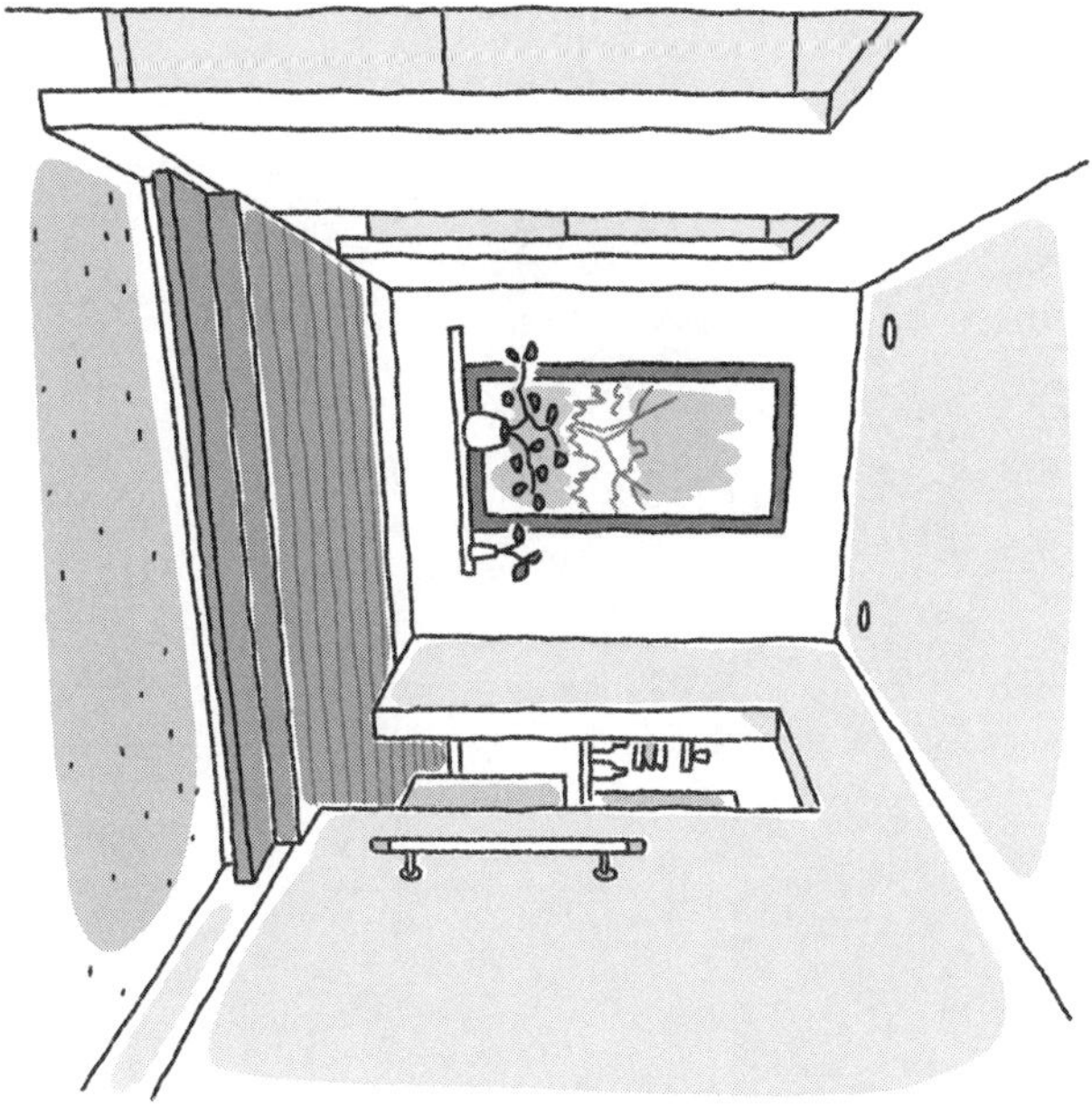

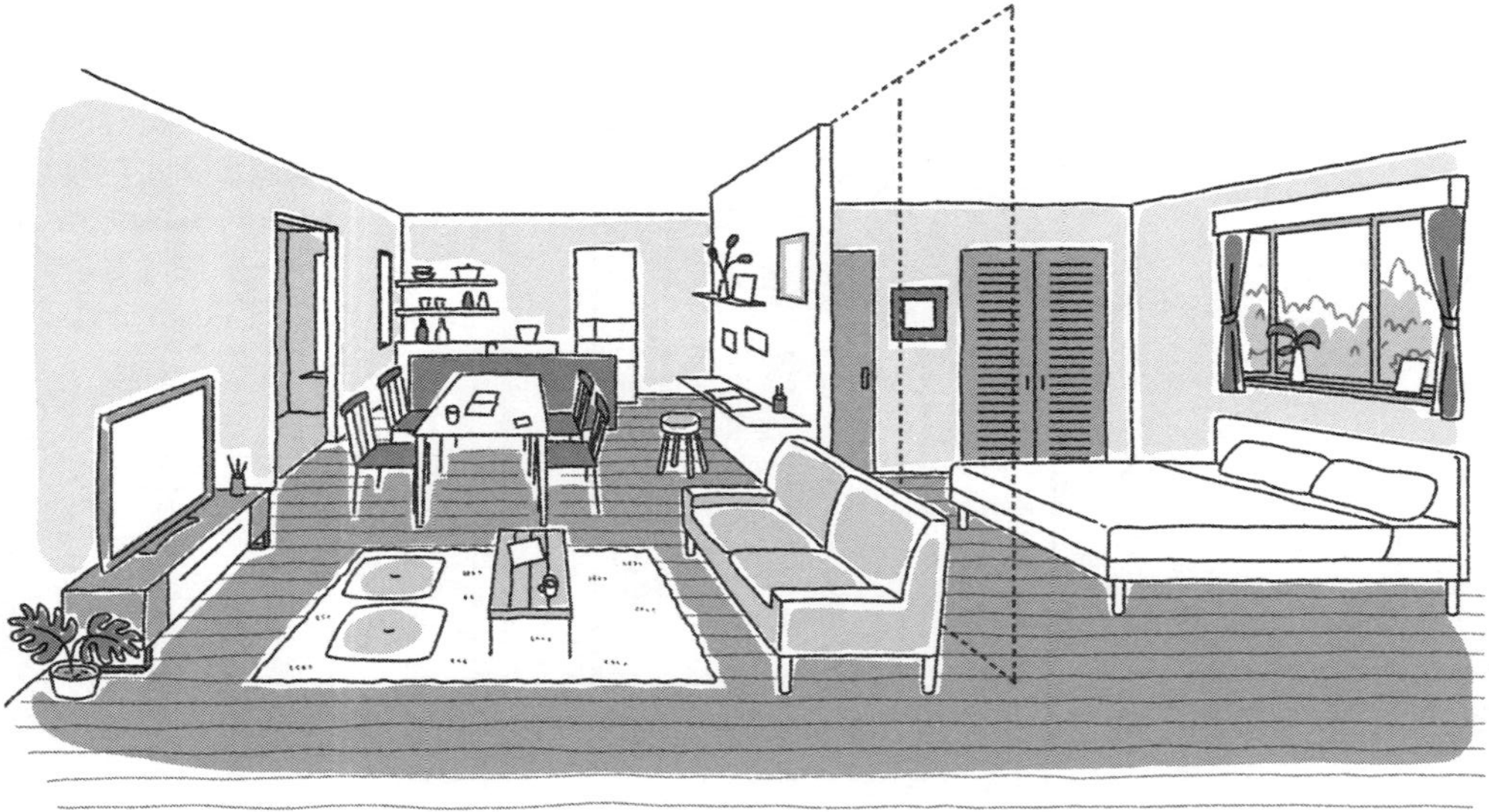

[イラストF]寝室との壁をなくし天井までの引戸として実際の広さより開放感のあるLDK

〝ホッとする家〟④…

居間では薪ストーブの炎の揺らぎが、ときの流れを和らげてくれる。炎の揺らぎは冬の長い夜には欠かせない。ペレットストーブなど手間のかからないタイプもあるが、家全体を暖めることができる大熱量があり、あえてゆったりと薪の仕込みに手間をかけたい。薪ストーブは市街地でも使用できるように煙がほとんど出ないように燃焼効率を高めたネスターマーチンは約100万円で設置できる。

木漏れ日がいちばん長時間入る南向きの窓際のロッキングチェアに座ると、冬は蝋梅《ろうばい》の薄黄色い花が、春はシンボルツリーのヤマボウシの白い花が咲く庭越しに、山並みを眺めたい。［イラストG］

〝ホッとする家〟⑤…

和室の地窓からは気を静めることができる裏の苔庭の眺め。炉を切ってお茶室にしたり、音楽室にしたり、普段は趣味の部屋としたい居場所だ。

障子越しの柔らかな明かりに映える漆塗りの和紙壁。木曽アルテック社の漆塗り和紙は木曽の工房で職人さんが1枚ずつ漆を塗って仕上げており、同じ色でも1枚1枚の表情が異なる優れモノだ。意外と安価で多くの色があるのであなたのお気に入りの色が必ず見つかると思う。［イラストH］

〝ホッとする家〟⑥…

湯船につかると坪庭には「謙虚」が花言葉の額紫陽花《がくあじさい》が咲くのが見え、初夏は長風呂になる。秋には窓を開けると金木犀の香りで癒やし効果を倍増させてくれる。


〝ホッとする家〟⑦…

出窓から朝陽が注ぎ込む南東角の寝室。［イラストI］

その他のホッとスポットとしては、料理をしながら何気なく坪庭を眺めたり、風を感じたり、外の社会とつながるPCコーナーなどがある。

以上の玄関、ホール、居間、寝室、客間、水回りのすべての居場所には思い出の

[イラストG]オーロラのようにも見える薪ストーブの炎の揺らぎは時間を忘れさせてくれる

[イラストH]安全な電気炉で熱燗やハーブティを入れて苔庭を眺めながらタタミでゴロリ

[イラスト1]朝陽が燦々と降り注ぎ体内時計を上質に覚醒させるよう寝室は東向きとしたい

品々を保管する収納が各所についている間取りとなっている。

続いて各所に使う特徴的な素材は以下の5つだ。

ホッとする素材①…床材編

ある施主様が「木の絨毯のよう」と表現してくれた埼玉西川のサワラ材が理想だが、安価なパイン材でも十分だろう。これらの無垢材は柔らかいので車いす利用には適さないという意見があるが、それは間違いだ。

確かに硬い床材のほうが車いすで走行する場合は負担が少なく楽ではあるが、実際に車いすでの生活になった場合は、日々の生活におけるリハビリが重要で、無垢材のような柔らかい床材で車いすを自走させる適度な負荷が、残存機能を維持するために重要な生活リハビリとなる。

ホッとする素材②…壁材編

漆喰壁が理想だが、安価で調湿効果だけでなく消臭効果もある塗装材のビーナスコートがおススメだ。高齢者のいる空間はどうしても臭いが気になってしまうもの。その対策として卵の殻を再利用した壁仕上げ材であるビーナスコートは、アンモニア臭などの嫌な臭いを吸着分解してくれる優れモノだ。

ホッとする素材③…天井材編

天井は柾目《まさめ》の木としたいところだが、安価に仕上げることが重要な終の住処では木目のクロスで十分だ。壁だと間近に見ることができてニセモノだとすぐにわかってしまうが、天井だと本物とまったく違いがわからないほどクロスのデザインは進化している。

ホッとする素材④…手すり編

おそらく私以外には使用している人はいないと思う秘密のアイデアだが、京都の北山杉を手すりに使用するのだ。化粧垂木《けしょうたるき》といって数寄屋建築や茶室の素材として一般的には使用されている直径35㎜程度の北山杉の丸棒だ。床柱を求めて北山の材木屋をふらりと訪れた際に、見つけた秀逸品だ。

一般的な手すりは樹脂製や集成材製が大半なのに対して、適度な凹凸が手にしっくりとくる無垢材の北山杉を握るとホッとできるのは私だけではないはずだ。

ホッとする素材⑤…設備編

最近では冬暖かく夏涼しい家は、どの建築会社でも標準仕様になっている。ただ、その暖かさと涼しさの質にこだわるならば、エアコンは一切使わずに輻射型の冷暖房が理想だ。

輻射型の暖房とは、デロンギなどの遠赤外線のパネルヒーターといえば一般的に知られていると思う。大型デロンギをイメージしてもらい、そこに冷水や温水を流すことで冷暖房ができるという商品だ。

通常ならば30坪の家だと高級車が買える機器となってしまうが、エアコン同等のコストで実現可能なように樹脂製のパネルとした優れものの〝風のない冷暖房〟

「クール暖」という商品がある。

以上、新築の場合は使う素材や設備のグレードによって松竹梅のコースはあるが、地方都市で梅コースであれば最低2000万円程度で実現可能だろう。

建物構造は費用対効果と「安早楽」から、鉄骨造りやコンクリート造りではなく木造に限る。

私がこれから立ち上げる「終の住処 設計企画」では、みなさまのさまざまな課題解決の一助となる提案や情報発信をさせていただく予定だ。また理想の終の住処をつくることができる工務店ネットワークは関東、東海、近畿であれば、当方にお問合せいただければご紹介は可能だ。

とにかく私がこれから普及活動をしていく「終の住処」〝ホッとする家〟では大きな部屋や高級な仕様は不要だ。小さくて簡素でも五感を刺激してくれ、四季を感じることができる京の老舗旅館のような設えを提案していきたい。

これらが実現できると、お財布もホッとできているのだから。

中古住宅をリノベーションするという選択肢

前述した終の住処の新築は、費用的に難しいという人もいらっしゃるだろう。その場合は、中古住宅を購入してリノベーションすることも提案したい。

「リフォーム」は老朽化した建物をもとに戻す修復の意味合いが強く、「リノベーション」は修復だけでなく、用途や機能を変更して性能を向上させたり付加価値を高めたりするという意味で使うのが最近の傾向だ。ちなみに英語ではリフォームという言葉は建物の改修という意味では使われず、どちらもリノベーションである。

所有欲がないといわれている若年層の持ち家離れにより、全国において長年変わらなかった持ち家率6割が微減する傾向にある昨今、賃貸住まいからの住み替えならともかく、住み慣れた自宅を売却して、中古住宅を購入するメリットはあり得るのか、と思われるだろう。

しかし、空き家が全国で８５０万戸を超えたいま（２０２０年現在）、駅から近い、魅力的な散歩コースがあるなどといった周辺環境、立地優先で中古住宅を探すことは、都市部においてはメリットとなるケースは多いと考えられる。

中古住宅を終の住処とするためのリノベーションにおいても、手すりとトイレを中心に改善することは教科書通りだ。ただ、あえて中古住宅を購入して終の住処にするのであれば、せっかくの機会なので、いままで困っていたことが改善されるようにもしたい。たとえば、これまで冬が寒すぎる家にお住まいであったのであれば、床暖房を設置するなど考えてみる。床暖房を新たに設置する場合は、床暖パネル分の厚みが増して床が高くなることを利用して段差解消を実現することもでき、一石二鳥とすることもできる。

一般的に中古住宅のリノベーションは、戸建て新築の４～６割程度の費用となると考えていいだろう。老後のお財布を考えると建築費用は極力抑えたいので、終の住処としては延床面積30坪以下でも十分だし、いままで住んでいた地域よりも駅近で便利な所に少し小さめな中古住宅を購入することが実はいちばん現実的でおすすめだ。

最近はリノベーションブームでもあり、中古住宅を劇的に趣のある自分好みの居住空間にすることが容易な時代になっている。

自宅を改修して終の住処にすることが理想だが、思い切って公園を借景にできるなど、終の住処としてふさわしい周辺環境優先で中古住宅探しをすることもワクワク終の住処づくりになる。

また、自宅を減築することでも、中古住宅リノベーションと同様の効果が期待できる。減築は増築の反対で、いまの住まいの一部を解体して住むことをいい、同時に自分好みのリノベーションができる。老後のお財布に余裕を持たせるために、極端な話、家の半分を減築して現金化するという方法だ。

以上、終の住処を新築する場合とリノベーションで実現する場合について述べてきたが、どちらもいちばんの難関は施工してもらう依頼先、つまり工務店と設計者を探すことだ。しかも断続的に状況が変化する高齢者の方への対応と配慮が必要となるので、昔の「街のかかりつけ医」のようなフットワークが軽く、お節介好きな工務店が理想だ。

排泄や転倒に配慮しつつも、快適な住まいを安価に実現できる工務店が地域ごとにあるのは間違いないが、どうやって探すのか？

一般的な新築やリフォーム業者を探すようにWEBで2～3社に計画&見積依頼する流れで探せる場合もあるだろうが、なかなかハードルは高く、リノベーションの場合であれば、確実なのは実はケアマネの紹介という方法だ。

介護保険改修工事や福祉用具レンタルを使う場合にはケアマネに相談したうえで、ケアマネに介護保険の窓口になってもらう必要があり、このあたりについて経験豊富なケアマネであれば、少なくとも介護リフォームが得意な工務店を1社は紹介してくれるだろう。

ただ、終の住処を新築する場合は、ケアマネにいい業者を尋ねても知らないことがほとんどだ。ケアマネが要介護者の新築にかかわるケースはめったにないため、情報をもっていないのだ。その点を考慮し今後は、当方にメールでご相談いただければ、終の住処づくりに詳しい工務店や設計者も紹介していく予定だ。

幸せな最期とは何かを考えよう、語り合おう

高齢期は多くの自由な時間や新たなライフスタイルの獲得といったプラスの変化が期待される一方で、老化に伴う身体的変化、退職に伴う社会的・経済的変化、配偶者や友人らとの死別経験、介護を受けるなどのマイナスの変化とさまざまな変化に直面する。

うまく適応するにはあらゆる変化を知って、それを受け入れることが理想だろうが、変化を受け入れることができないのが高齢者の一般的な特性である。

自分が望んでいないのにさまざまな変化が自分のまわりで勝手に起きていくので、せめて自分がコントロールできることは変化させずにそのままにしておきたい。そのことこそが、最期まで自宅にいるということだと思う。

そして、親が高齢になってきたと感じた瞬間から、親の最期をよりよいものにするために、いま一度、疎かになっていた家族のコミュニケーションを再構築する必要がある。それができないと、ＱＯＤの向上は絵空事で終わってしまう。そのために、まず何から始めるのか。

年末年始やお盆などの家族や親戚が集まるときが絶好のチャンスだ。少々言いづらい話ではあるが、季節がら穏やかに話が進められるのではないだろうか。

自分や親の最期の居場所や相続のことを基本に、自分の考えを話し、相手の意見を聞く。当初はまったく意見が合わないことも多いだろう。いろいろと選択肢があるうちはまだいいが、いずれはひとつの意見に集約しなければならない時期がくることをお互いにわかったうえで焦らずに調整しよう。

老親のＱＯＤ向上は簡単ではないが、ぜひとも完遂しなければならない残された子や家族の使命だ。

自分の連れ合いが亡くなって、息子に一緒に住もうと言ったら、義理の娘からお母さんはまだ若いのでひとりで介護施設を見つけて入ってください、と言われたという知人がいる。自分は義娘とコミュニケーションは取れていて「もちろん」という返事を期待しての問いだった。ところが、義娘のほうは、そんなつもりはさらさらないということが初めて露呈したというわけだ。

こんなことにならないためにも、早速いまから、自分や親の最期について兄弟や親族とのコミュニケーションを始めよう。

すばらしい特養である同和園の医師、中村仁一先生は、お年寄りの最期の大事な役割は、できるだけ自然に「死んでみせる」ことだと述べている。

そして「逝き方」は「生き方」であるとし、今日は昨日の続きで、昨日とまったく違う今日はあり得なく、今日の生き方が問われ、いまの生き方、周囲へのかかわり方、医療の利用の仕方、これらが、死の場面に反映されるとのこと。

少し体調がすぐれなければ、すぐ「医者よ、薬よ、病院よ」と大騒ぎする人には「自然死」は高望みだとのこと。

中村先生著『大往生したけりゃ医療と関わるな』（幻冬舎新書）に記載されてい

る事前指示書の項目が具体的で優れていると、ガン治療の専門家である医師、近藤誠先生も自著で述べている。

その中村先生の事前指示書を参考にさせていただき、私版を考えてみた。もちろん、この事前指示書は考えが変わったりしたときに、いつでも加筆修正すればよい。

事前指示書

「医療死」より「自然死」が好みのため、意識不明や正常な判断力が失われた場合、以下を希望する。

一．救急車は呼ばないこと
一．脳の実質に損傷ありと予想される場合は、開頭手術は辞退すること
一．原因のいかんを問わず一度心臓が停止すれば蘇生術はほどこさないこと
一．人工透析はしないこと
一．経口摂取が不能になれば寿命が尽きたと考え、経管栄養、中心静脈栄養、末梢静脈輸液は行わないこと

一．不幸にも人工呼吸器が装着された場合、改善の見込みがなければその時点で取り外して差し支えないこと
一．死後について以下を希望する
一．使い古しの臓器は提供しない
一．葬儀式は簡素に家族だけで、遠方の者には連絡せずともよし
一．告別式不要、供花、香典は辞退すること

2021年8月25日　田中　聡

以上が、現在の私がもっている「最期」に対する考え方である。みなさんも、ご自身の最期をイメージして、自分なりの指示書をつくっておくことはとても意味のあることだと私は思う。

実際に記入しながら、これまで考えてこなかった「最期」に対する考えを、自分事として切実に思考する機会となるはずだ。

あとがき

本書の上梓は、私に終の住処づくりの機会を与えてくれた多くの施主様と私の苑に入居して最期までいてくれた人たちへの恩返しだと考えている。

建築家業は師匠と呼ばれる人に師事する師弟制度が一般的だが、師匠が誰もいなかった私にとっては1000組を超える施主様たちが師匠であった。そして、私の苑で最期まで過ごしてくれた人たちも、師匠となってくれた。彼らにとって理想の最期の居場所であったと確信している。志半ばで介護現場を離れることになってしまったことについては、悔いが残っている。しかし、私が介護現場の最前線に居続けていては、今回の上梓は不可能であった。

すでに「終の住処」を計画したいという数組の人たちと、打合せをする日々を過ごしている。これからは私個人の集大成として、「終の住処コンサルタント」という立場で、自信をもってみなさまにご提案できる準備は整った。

いろいろと終末期医療に問題提起をしてきたが、身内の多くが医者であり、私自身が医者になれなかった潜在的劣等感が働いたのだろう。

そんな私の結論は、傘寿まで現役開業医であった父がいまでも実践しているように、痛みや苦しみが生じていない限りは病院や施設に近づかないということだ。

母方の大叔父が老年精神学の先駆者として関西労災病院院長のときに『〝ぼけ〟は宿命ではない』（ごま書房）を上梓していたことを数年前に知った。今回の上梓を南禅寺の墓前に報告したい。

サラリーマンが嫌で、将来独立できる可能性が高いと考えて建築学科に入学し、大半の友人がゼネコンなどの大規模建設会社に入るなか、戸建て住宅にこだわり続けて住宅専業設計を30年にわたって生業にできて本当に幸運だったと考えている。

そんな私自身は自宅で最期を迎えられるか？　自邸はいままでの集大成となるので、50歳を過ぎて多忙な日々が落ち着いたころに計画したいと常々考えてきた。24時間365日営業の、介護現場から離れたことで心の余裕ができ、還暦が彼方に見えてきた。私自身も、最高の終の住処づくりに挑戦中である。

京の〝仮の住処〟にて

参考文献

『病院で死ぬということ』山崎章郎著（文春文庫）
『家で死ぬということ』山崎章郎著（海竜社）
『自宅でない在宅　高齢者の生活空間論』外山義著（医学書院）
『クリッパンの老人たち』外山義著（ドメス出版）
『ライフ・レッスン』E・キューブラー・ロス著（角川書店）
『病院でも家でも満足して大往生する101のコツ』長尾和宏著（朝日新聞出版）
『「平穏死」10の条件』長尾和宏著（ブックマン社）
『一〇〇歳時代の人生マネジメント』石田淳著（祥伝社新書）
『老後破産』（新潮社）NHKスペシャル取材班
『大往生したけりゃ医療とかかわるな【介護編】』中村仁一著（幻冬舎新書）
『大往生したけりゃ医療とかかわるな「自然死」のすすめ』中村仁一著（幻冬舎新書）
『誰も書かなかった老人ホーム』小嶋勝利著（祥伝社新書）

『「看取り」の作法』香山リカ著（祥伝社新書）
『素敵なご臨終』廣橋猛著（ＰＨＰ研究所）
『いのちとすまいの倫理学』工藤和男著（晃洋書房）
『死とどう向き合うか』Ａ・デーケン著（ＮＨＫ出版）
『東大がつくった高齢社会の教科書』東京大学高齢社会総合研究機構著（東京大学出版会）
『老いの僥倖』曽野綾子著（幻冬舎新書）
『人生百年時代の「こころ」と「体」の整え方』五木寛之著（ＰＨＰ研究所）
『もし明日、親が倒れても仕事を辞めずにすむ方法』川内潤著（ポプラ社）
『納棺夫日記』青木新門著（文藝春秋）
『自宅で死にたい しあわせな最期の研究』蒲谷茂著（バジリコ）
『姥捨てバス』原宏一著（ベネッセ）
『医者に殺されない47の心得』近藤誠著（アスコム）
『最高の死に方と最悪の死に方』近藤誠著（宝島社）
『「平穏死」のすすめ』石飛幸三著（講談社）

詩想社新書

詩想社新書発刊に際して

詩想社は平成二十六年二月、「共感」を経営理念に据え創業しました。なぜ人は生きるのかを考えるとき、その答えは千差万別ですが、私たちはその問いに対し、「たった一人の人間が、別の誰かと共感するためである」と考えています。

人は一人であるからこそ、実は一人ではない。そこに深い共感が生まれる——これは、作家・国木田独歩の作品に通底する主題であり、作者の信条でもあります。

私たちも、そのような根源的な部分から発せられる深い共感を求めて出版活動をしてまいります。独歩の短編作品題名から、小社社名を詩想社としたのもそのような思いからです。

くしくもこの時代に生まれ、ともに生きる人々の共感を形づくっていくことを目指して、詩想社新書をここに創刊します。

平成二十六年

詩想社

田中 聡（たなか　さとし）

一級建築士、介護福祉士。1966年生まれ。東京理科大学大学院修了後、大手ハウスメーカー、地域ビルダー、設計事務所等で設計、営業に携わり、「家づくり」一筋約30年。1000件超の家づくり、リフォームに参画。理想の「終の住処」を実現すべく、サービス付き高齢者向け住宅を企画設計し、自身で施設長も務める。地域最速で満室となり、立ち上げ3年で事業黒字化を実現し、2019年には後進に道を譲る。現在は、建築士であり、介護施設の施設長も務めた経験をもとに、穏やかで、その人らしい最期を迎えることができる場所は、病院や施設などではなく、「自宅」しかないと考え、「終の住処コンサルタント」として活動。たとえ要介護になっても穏やかな老後生活を送り、尊厳ある最期を迎えることができる住宅の企画提案、情報発信をしている。

「終の住処 設計企画」banfoo@nifty.com

詩想社
—新書—
36

施設に入らず
「自宅」を終の住処にする方法

2021年８月28日　第１刷発行
2024年11月26日　第８刷発行

著　　者　田中 聡
発 行 人　金田一一美
発 行 所　株式会社 詩想社
〒151-0073　東京都渋谷区笹塚1—57—5 松吉ビル302
TEL.03-3299-7820　FAX.03-3299-7825
E-mail info@shisosha.com

D　T　P　中央精版印刷株式会社
印刷・製本　中央精版印刷株式会社

ISBN978-4-908170-26-3